Andreas Malessa

Das frommdeutsche Wörterbuch

Jetzt verstehe ich die Christen!

Illustrationen
von Thees Carstens

ONCKEN VERLAG WUPPERTAL UND KASSEL

Vollständig überarbeitete und erweiterte
Auflage des Buches: Andreas Malessa,
Freudigkeit und Glaubensfrucht

Umschlag und Textillustrationen: Thees Carstens, Witten
Satz: Factory · B. Lieverkus, Remscheid
Druck: AIT Trondheim, Norwegen
ISBN 3-7893-7276-5
Bestell-Nr. 627 276

Vorwarnung statt Vorwort

Sie betreten ein Zugabteil, in dem ein vollbärtiger Mann in Strickpullover und eine langhaarige Dame in Birkenstock-Sandalen sich angeregt miteinander unterhalten. »Irgendwo mit ein Stück weit gleichsam auch unter Berücksichtigung der Rahmenbedingungen im Verlauf der ersten Projektphase«, sagt die Frau. »Nein, nein«, erwidert ihr Gegenüber, »da musst du aber auch die neuere Rezeption des sozialen Phänomens und die Bedeutung der Sozialisation im Kontext berücksichtigen, du!« Und schon wissen Sie: Das müssen Sozialpädagogen sein. Oder Lehrer. Um nicht in eine transaktionsanalytische Selbsterfahrungsgruppe zu geraten, wechseln Sie das Zugabteil. Nebenan erheitern sich zwei braun gebrannte junge Männer in schnittigen Anzügen, mit Gel im Haar und je einem Laptop auf dem Schoß, indem sie einander Witze erzählen. »Der Typ hatte einen Wurm in seiner Samplesys und eine komplette RAM-Bank zerblasen!« »TCP und FTP konnteste vergessen, die Registry war gerupft und aus dem abgesicherten Modus heraus wollte er ohne Maustreiber in irgendwelche Chatrooms kommen ...« Brüllendes Gelächter übertönt die Zuggeräusche. Bei diesen zwei Computerspezialisten nehmen Sie Platz, denn es besteht keinerlei Gefahr, in ein Gespräch verwickelt zu werden. Entspannt kramen Sie ihr Philosophie-Buch aus dem Koffer und lesen in Ruhe das Kapitel über die »Imponderabilen Indikatoren für das schlechthinnige Geworfensein unserer Existenz«.

Es ist weder ungewöhnlich noch anrüchig, wenn spezielle Bevölkerungsgruppen ihre gruppenspezifische Sprache entwickelt haben und auch sprechen. Christen bilden da keine Ausnahme. Aber: Christen wollen von möglichst allen verstanden werden. Die frohe Botschaft – die überaus gute Nachricht also, dass es einen lebendigen, erfahrbaren Gott gibt, der in Jesus Christus Mensch wurde, für alle menschliche Schuld und Sünde starb, von den Toten auferstand und einmal sichtbar wiederkommen wird – dieses »Evangelium« geht an alle. Und geht alle an. Ist aber ein Fachbegriff.

Nun kann man bei genauem Hinsehen manchmal beobachten, dass die große Güte Gottes auf Christen abfärbt. Das gibt's! Dass der Christenmensch immer liebevoller, gütiger und damit auch barmherziger wird. Mit sich und anderen. Und plötzlich über seine eigenen Eigentümlichkeiten lachen kann und über die der anderen lachen darf. Was sich liebt, das neckt sich. Gerade sprachlich. So ist dieses Wörterbuch entstanden. Es will Sie in die faszinierende Welt einer linguistischen Nische einführen, die bisher nirgends recht gewürdigt wurde. Als müssten sich Christen ihrer Fremdworte und Wortumdeutungen schämen. Keineswegs: Dieses Buch will das »Frommdeutsche« nicht etwa abschaffen, sondern vor dem Vergessen bewahren. Davon ist es nämlich bedroht, das Kirchen-Chinesisch. Zum einen, weil sich immer mehr Pastoren und Gemeindemitarbeiter um Allgemeinverständlichkeit bemühen. Zum anderen, weil trotzdem immer weniger Menschen in ihre Veranstaltungen kommen. Und das ist fatal, finde ich. Weil ich mich nicht über die Christen und schon gar nicht über ihren Glauben oder die Kirche an sich lustig machen möchte, sondern über ihre liebenswert-tragikomische Gruppensprache. Trotzdem oder gerade deshalb möchte ich Ihnen dringend empfehlen, den Glauben, die Kirche, die Christen persönlich kennen zu lernen. Dann wird's nämlich faszinierend. Oder lustig. Und oft sogar richtig barmherzig.

1992 habe ich schon einmal zu erklären versucht, was zum Beispiel »Freudigkeit und Glaubensfrucht« allgemeinverständlich bedeuten. Der große Erfolg dieses inzwischen vergriffenen Buches und die Veränderung unserer Sprache (und der kirchlichen Szene) haben den Verlag bewogen, eine erweiterte und verbesserte Neuauflage anzubieten. Weil der Sinn für hintersinnigen, geistvollen, absurd-um-die-Ecke-gedachten Humor unter Christen offenbar noch nicht gänzlich ausgestorben ist.

Wer die eine oder andere Passage dieses Buches trotzdem falsch verstehen will, für den halte ich Formbriefe bereit, in denen noch mal erklärt wird, wie die Erklärungen gemeint sind. Nicht so ernst nämlich. So. Sie haben es nicht anders gewollt. Hier ist es. Das *frommdeutsche Wörterbuch*. Viel Vergnügen. Viel »inneren Gewinn« wünscht

Andreas Malessa

A

Abba

Meint nicht die 80er-Jahre-Kult-Popgruppe »ABBA« aus Schweden und auch nicht den Anfang des Heintje-Schlagers »Abba heidschi bumbeidschi bum bum«, sondern: Dieses Wort wird in Römer 8, Vers 15 zitiert. Wo Gott, der himmlische Vater, als so nah und barmherzig geschildert wird, dass ein Christ ihn ansprechen darf wie ein Kleinkind seinen »Papa«. Das heißt »Abba« nämlich wörtlich. Im heutigen kirchlichen Gebrauch sollte man aber immer nur darauf hinweisen, dass man Gott so nennen *könnte*. Dürfte. Sollte. Müsste. Wer's wirklich mal tut, wirkt kindisch. Oder → charismatisch.

abwinken

»Bis zum Abwinken« Party machen, tanzen oder saufen meint umgangssprachlich dasselbe wie »bis der Notarzt kommt«. »Bis zum Abwinken« tun Christen eigentlich nichts, da sie der Mäßigung und Selbstbeherrschung verpflichtet sind.

Allerdings: Wenn der Dirigent eines Kirchenchores Zeigefinger und Daumen jeder Hand zusammenpresst, die restlichen Finger seitlich abspreizt und nun mit beiden Armen eine parallel laufende Halbkreis-Bewegung von unten nach oben macht, die abrupt etwa in Gesichtshöhe endet –, dann hört der Chor urplötzlich auf zu singen. Echt!

Probieren Sie diese Armbewegung ruhig selber einmal aus. Am besten, wenn Sie im Gottesdienst in der ersten Bankreihe sitzen.

Stehen Sie nach zwanzig Minuten einer Predigt einfach auf und tun Sie's. Vielleicht hört der Prediger urplötzlich auf. Wer weiß?!

Adam, alter

Synonym für »der Mensch, der ich vor meiner Bekehrung war«. In Anlehnung an Römer 5, Vers 14 ist damit der unerlöste, christusferne Mensch an sich gemeint. Spricht ein Christ vom a.A. unter Verwendung des Possessivpronomens »mein« – »mein a.A. hat ...« –, ist das noch kein Beweis für Schizophrenie. Und wenn er in Anlehnung an ein Zitat Martin Luthers sagt: »Mein a.A. muss täglich ersäuft werden!«, ist das kein Hinweis auf Selbstmordabsichten. Bleiben Sie ganz ruhig: Ein Mann vor der Bekehrung heißt »alter Adam«, eine Frau nach der → Bekehrung heißt aber nicht »alte Eva«!

Advent

Wörtlich: Ankunft. Kirchenkalendarisch: Neujahr. Denn das Kirchenjahr beginnt nicht am ersten Januar, sondern am ersten Advent. An vier Sonntagen vor Weihnachten wird in den Gemeinden besonders häufig über die Ankunft Gottes in menschlicher Gestalt gepredigt (Johannes 1,1ff) oder über die Ankunft des wiederkommenden Christus am Ende der Zeit (Offenbarung 3,3; 14,7; 19,7ff). Das Kirchenjahr fängt insofern mit der → Endzeit an, was paradox erscheinen mag. Die meisten Predigthörer denken ohnehin mehr an die Ankunft der nächsten Warenlieferung, die Ankunft der Weihnachtsgratifikation oder die Ankunft der Schwiegereltern. Zu Weihnachten nämlich. Im A. macht der Einzelhandel bis zu 40% seines Jahresumsatzes, denn → Christen wie Nichtchristen bunkern in dieser Zeit Delikatessen und Konsumgüter, als stünde eine mehrjährige Belagerung bevor. Was wiederum den Einzelhandel dazu veranlasst, Lebkuchenherzen und Schokoladenweihnachtsmänner kurz nach Ende der Sommerferien in die Regale zu stellen. Trotz dieser mehrmonatigen Einkaufshektik im Herbst bestehen die Christen darauf, der A. sei die »besinnliche Zeit des Jahres«. Bis zur Besinnungslosigkeit hetzen dann → Pfarrer von einer besinnlichen Feier zur anderen.

Adventisten

Kleine evangelische Freikirche, die den jüdischen Sabbat einhält, vegetarisches Essen bevorzugt und sich auf die Ankunft Jesu am Ende der Zeit freut. Adventistische Führungskräfte in Wirtschaft und Industrie sagen bei einer Terminanfrage nicht: »Ich checke mal meinen Timer«, sondern: »Ich schau mal in den Adventskalender«.

Adventssingen

Kurzer musikalischer Vorspann zum ausgedehnten Glühwein-Umtrunk des Gemeindechores. Findet trotz Kälte meist im Freien statt, weil man bei der Gelegenheit noch ein paar Socken und nette Mitbringsel auf dem Weihnachtsmarkt kaufen kann.

Ereignet sich das A. im Krankenhaus oder Altenpflegeheim, wird es von Ärzten und Schwestern bisweilen als störender Menschenauflauf im Flur empfunden, weil die Medikamenten- und Essenswagen stecken bleiben.

all die, die

Häufige sprachliche Form in Fürbitte-→Gebeten, wenn die Hilfsbedürftigen nicht näher bekannt sind. »Herr, wir bitten auch für all die, die ...« Was dann folgt, weiß man über »die« aus der Zeitung oder vom Hörensagen.

Die schamlose Behauptung, einer großen deutschen Nahrungsmittelkette namens »Aldi« ginge es wirtschaftlich so gut, weil jeden Sonntag in den Gemeinden für sie gebetet würde, ist völlig abwegig! Die Umsatzsteigerung bei »Aldi« von mehr als 1000 % Ende 1989 und Anfang 1990 lag am Fall der Mauer und der DDR-Grenzöffnung. Aber, ach ja – die Grenzöffnung war eigentlich auch eine Gebetserhörung ...

Älteste

Plural; maskulin. Nicht »die älteste Frau«, aber auch nicht »der älteste Mann«, nicht einmal »die ältesten Männer«, sondern die mächtigsten Männer einer → Gemeinde. Ihnen obliegt die organisatorische, finanzielle und vor allem seelsorgliche Führung ihrer → Herde. Hier erblüht eine wunderbare sprachliche Vielfalt: In lutherischen Landeskirchen heißen die Ä.en »Presbyterium«, bei Baptisten »Vorstand«, in Freien evangelischen Gemeinden »Bruderrat«, bei Charismatikern »Leiterschaft«, bei freien Missionswerken »Kuratorium« und bei Firmen »Aufsichtsrat«.

Die Behauptung, dass auf dem Weg in diesen Kreis außer persönlicher und geistlicher Qualifikation auch schon mal der Familienclan, der Besitz oder gar die politische und theologische Meinung eine Rolle gespielt haben soll, muss aufs Entschiedenste zurückgewiesen werden.

Amen

Wörtlich: »So sei es!« Wird am Ende einer Predigt vom Prediger verstanden als »So ist es nämlich!« Von der Gemeinde jedoch als »Sei's drum ...« Und von der ungeduldigen Jugendgruppe als »Na endlich!«

Andacht

Hat sich ein Pfarrer für den Beginn einer Sitzung, einer Tagung oder einer Familienfeier etwas ausgedacht; beteuert ein frommer Lehrer, er habe »da mal etwas angedacht« –, dann halten sie eine »Andacht«. Eine mehr oder weniger kurze Rede also, die mit einem Bibelvers beginnt und einem Gebet endet. Oder mit einem Zitat aus dem »Kleinen Prinzen« von Antoine de Saint-Exupéry beginnt und mit einem persönlichen Wunsch endet. »Andachten« können am Beginn oder am Ende einer Veranstaltung stehen. Müssen aber »gehalten« werden. Als könnten sie nicht stehen.

DU BIST DOCH CHRIST! WARUM BETEST DU NICHT MAL DAFÜR, DASS ICH ENDLICH WIEDER ARBEIT ALS POLIZIST FINDE?!
AMEN!
POFF!

OH!!
DU STEHST IM HALTEVERBOT!
THEES

A.en brauchen »andächtige« Zuhörer. Die sind aber manchmal ungehalten, wenn A.en zu lange gehalten werden.

Anstoß geben

a) Das, was Eltern auf dem Spielplatz tun, wenn ihr Kleinkind auf der Schaukel sitzt und einen Schubs braucht.
b) Das, was ein Fußballspieler tut, wenn der Schiedsrichter zu Beginn eines Spiels in seine Trillerpfeife gepustet hat. (Müsste eigentlich »Antritt bei Anpfiff« heißen.) Spielt die deutsche Nationalelf grottenschlecht und verliert sie, dann war das Spiel »Abtritt«. Ein Sch...spiel. Aber das so zu nennen wäre »anstößig«.
c) In pietistischen Gemeinden verwendet für alle vermeintlich oder tatsächlich »anstößigen« Verhaltensweisen, die einem »Schwachen im Glauben« schaden könnten. Da diese »Schwachen« unheimlich schwer zu finden sind und, wenn es sie denn gibt, meist gar keinen »A. nehmen«, reden meist nur die »Starken im Glauben« davon, dass es die »Schwachen im Glauben« geben könnte und sie dann A. nehmen würden, wenn der Getadelte weiterhin »A. gibt«. Verstehen Sie das?

Apokalypse

a) Streng wörtlich eigentlich »Aufgang«. Wurde aber selbst von griechisch sprechenden frühen Christen nicht im architektonischen Sinne verwendet (»Nehmen Sie doch die Hintertreppen-Apokalypse«), sondern bereits visionär als »Untergang«; Weltuntergang.
b) Letztes Buch des Neuen Testaments, zu Deutsch auch »Offenbarung des Johannes«. Dem hat Gott nämlich offenbart, wie es sein wird, wenn unsere Welt unter- und Gottes neue Welt aufgeht. Wenn das Reich Gottes sichtbar kommt. Ein äußerst hoffnungsvoller Gedanke. Müsste entsprechend der → guten Nachricht (»Eu-Angelion«) eigentlich »Eu-Kalypse« heißen.

c) Im besagten Buch des Johannes werden »apokalyptische Reiter« beschrieben, die Tod und Verderben über die Welt bringen. Wer Bilder guckt statt Bibel zu lesen, könnte sie aus Albrecht Dürers gleichnamigem Kupferstich kennen. Wer zwar nicht Albrecht Dürer, aber Marlon Brando kennt, denkt an den Vietnamkriegs-Film »Apocalypse Now«. Und wer fromme Trivialromane liest, also »Das Finale« kennt, sagt sich: »Apokalypse? Wow!«.

Apostolikum

a) Falsche Schreibweise von »Opas Tonikum«. Beliebtes Shampoo bei Pfarrern fortgeschrittenen Alters, die zwar Glatze, aber auch Vollbart haben.
b) Ungenaue mündliche Überlieferung eines Ausrufs des Paulus, der den Korinthern, die seine Autorität anzweifelten, entgegenschleuderte: »Ouk eimi apostolos!« Zu Deutsch etwa: »Ich bin ein Apostel!« (vgl. 1.Korinther 9, Verse 1-5). Wurde von US-Präsident John F. Kennedy in abgewandelter Form auch mal den Berlinern zugerufen.
c) 18-Zeilen-Glaubensbekenntnis, das ein für allemal formuliert hat, was Christen glauben und was nicht. Wurde unter Bezugnahme auf die wichtigsten Lehrsätze der Apostel im Laufe des 2. bis 4. Jahrhunderts in Rom festgelegt und später von Martin Luther als zutreffende Zusammenfassung der apostolischen Predigt in seinen »Katechismus« aufgenommen. Dieses theologische Mess-Instrument ist vielleicht die einzige Erfindung aus dem 4. Jahrhundert, die heute noch funktioniert und in Gebrauch ist.

apostolische Sukzession

Wörtlich: Abfolge, lückenlose Kette, in der Nachfolge von ...

a) Nach katholischer Lehrauffassung die lückenlose Weitergabe der Beauftragung Jesu an Petrus (Matthäus 16,18; Johannes

21,15), seine »Schafe zu weiden« bzw. »Fels der Kirche« zu sein. Begründet die Lehrautorität des Papstes und die Maßgabe, dass nur geweihte Priester – die also in »apostolischer Sukzession« (Folge) stehen –, die Eucharistie, das Abendmahl, verwalten dürfen.

b) Eingedeutschte Formulierung des engl. Wortes »success«, Erfolg. Wird vor allem von freikirchlichen und charismatischen Gemeindewachstums-Spezialisten im Sinne von »apostolische Progression« (→ Wachstum) verstanden. Bezeichnet den Wunsch, dass sich die Zahl ihrer Gemeindeglieder explosionsartig vermehren möge wie zu Zeiten der Apostel. Also mindestens 3000 Bekehrte pro Predigt (vgl. Apostelgeschichte 2,41).

Arbeitskreis

Beliebtes Gesellschaftsspiel, um Probleme zu delegieren, statt sie zu lösen. Konzernchefs, Manager, Schulrektoren und Führungspersönlichkeiten der Kirche handeln nach dem Motto: »Wenn du nicht mehr weiter weißt, gründe einen Arbeitskreis!« Heißt manchmal auch »Ausschuss« und produziert auch solchen.

Askese

a) Im Raum Gelsenkirchen, Essen, Bochum und Wanne-Eickel umgangssprachlich für »Alles Käse«. Ausruf der Geringschätzung.
b) Verzicht auf Fleisch, Süßigkeiten, Nikotin und Alkohol z.B. für den Zeitraum von sieben Wochen vor Ostern (während der so genannten Fasten- oder auch Leidens-Zeit), um Solidarität mit abstinent lebenden ehemaligen Suchtkranken zu demonstrieren. Da die christliche Suchtkranken-Selbsthilfegruppe »Blaues Kreuz« alljährlich eine Aktion »7 Wochen ohne« empfiehlt, ohne definitiv vorzuschreiben, ohne was man diese 7 Wochen verbringen soll, entscheiden sich genussfreudige Christen manchmal auch für »7 Wochen ohne Artischocken«.

Atheist

Wörtlich: Nicht-an-Gott-Glaubender. Gottesleugner also. Muss aber, wie alle Sterblichen, irgendwann auch dran glauben.

Außenstehende

Menschen innerhalb der Kirche bezeichnen Menschen außerhalb der Kirche als A. Sich selbst aber nicht etwa als »Innenstehende«. Weil sie innen ja nicht stehen, sondern sitzen. Da, rein statistisch und vor allem in Ostdeutschland, mehr Menschen außerhalb der Kirche stehen als innerhalb derselben sitzen, sind eigentlich Christen die wahren »Außenstehenden«. Weshalb der Begriff A. zunehmend durch »Suchende« ersetzt wird. Viele A. wissen aber gar nicht, dass sie »Suchende« sind, versuchen also gar nicht erst, in die Kirche zu kommen. Sondern sie werden von Christen aufgesucht, besucht und zum Kommen ersucht. Auch bei solchen Hausbesuchen sind eigentlich Christen die A.en.

B

Baptist

a) Französischer Jungenname.
b) Zweiter Vorname des berühmten katholischen Theologen Jean Baptist Metz.
c) Englisch für »Täufer«. Der erste B. steht auf den ersten Seiten des Neuen Testaments: »John the Baptist«.
d) Mitglied der größten evangelischen Freikirche der Welt, der »Baptisten«. Baptisten taufen keine Säuglinge, weil ein schreiender Säugling bisweilen störend wirkt, sondern nur Gläubige. Die also geistig in der Lage sind, ihren Glauben an → Jesus Christus zu bekennen. Baptisten ist die Reihenfolge »erst der → Glaube, dann die → Bekehrung, dann die → Taufe« sehr wichtig. Getauft wird auch nicht kleinlich mit ein paar Tropfen Wasser, sondern großzügig in einem Becken durch Untertauchen. Dass nach der Taufe manche B.en in der Gesellschaft untertauchen und nicht mehr als Christen erkennbar sind, wird offen bedauert. Dass ganze Gemeinden untertauchen und gesellschaftspolitisch keine Verantwortung übernehmen wollen, widerspricht der Theologie ihrer prominentesten amerikanischen Vertreter: Dr. Martin Luther King, Dr. Billy Graham und Ex-Präsident Jimmy Carter. Die deutschen B.en sind wohl die einzige Freikirche der Welt, die ursprünglich nur als Buchhandlung geplant war: Johann Gerhard Oncken, nichteheliches Kind einer ostfriesischen Hotelangestellten, war Buchkolporteur, gründete aber 1834 in Hamburg die erste Baptistengemeinde, die damals allerdings noch anders hieß.

Basar

Lieb gemeinte Umverteilung überflüssiger Haushaltsgegenstände unter den Familien der Gemeinde. Handelt es sich nicht um Topflappen und Gewürzkränze, sondern um große Gegenstände, kann alles auch ohne guten Zweck, also → »weltlich« stattfinden. Dann allerdings nachts und draußen. Siehe → Sperrmüll.

Beine

Zwei in der Werbung ständig, in der Kirche sehr selten zu sehende Extremitäten des menschlichen Körpers, die vor allem in ihrer weiblichen Formgebung bisweilen als ästhetisch angenehm oder gar erotisierend (siehe → Erotik) gelten. Ob das auch von Männerbeinen gilt, ist umstritten. Weshalb Pastoren der beiden großen Volkskirchen rücksichtsvoll ihre B. unter knöchellangen Talaren verbergen.

Treffen besonders schöne, lange B. der Sängerinnen im Gemeindechor mit einer besonders unschön langen Predigt des Pfarrers auf der Kanzel zusammen, kann es u.U. zu Ablenkungen bei männlichen Zuhörern kommen. Dagegen hilft nur, den Gemeindechor nach hinten und oben zu verbannen, am besten sichtgeschützt hinter eine Holzverschalung. Wer da noch hinschaut, bekommt Genickstarre oder fällt auf. Singt der Chor in der Adventszeit den berühmten Text Jesaja 52, Vers 7 aus der Arie in Händels »Messias« (»Wie lieblich sind die Füße der Freudenboten«), sind natürlich nicht die B. der Chordamen gemeint.

Bekanntmachung

a) Etwas aus der Mode gekommene, förmliche Art, einander vorgestellt zu werden: »Darf ich bekannt machen: Frau Maier, Herr Maier.«
b) Der erste Gesprächsabend nach einem Rendezvous.

c) Führt dieser Abend zu einer festen Beziehung, wird bald in den gottesdienstlichen B.en die Verlobung bekannt gemacht. Wird diese wiederum nicht aufgekündigt, dann wird bald die Hochzeit abgekündigt.

Bekehrung

Geschieht von etwas weg zu etwas hin. Daher auch: Umkehr. Im Frommdeutschen immer: Hinwendung zu → Jesus Christus. Kann abrupt, plötzlich und punktuell datierbar sein. Kann auch allmählich und prozesshaft-kontinuierlich geschehen. Sollte aber in jedem Fall als eine Art »verbaler Glaubensausweis« erzählbar sein.

Berufung

a) Nichtanerkennung eines Urteils im Gerichtsverfahren, gegen das »Berufung eingelegt« wird. Eingelegte B. kann unter Umständen sauer aufstoßen. Milder auf der Zunge zergeht hingegen die
b) hausgemachte B. Schmeckt vor allem jungen männlichen Christen so gut, dass sie nicht nur im Munde geführt, sondern auch »im Herz gefühlt« wird. »Fühlt« ein Mann seine »B. zum Dienst«, meint er damit nicht in erster Linie »Zivil-Dienst« im Sinne von Kloputzen, Betten beziehen oder Protokolle kopieren, sondern er meint einzig und allein das Predigen. Diese B. geht auf ein Berufungs-Erlebnis zurück. Zum Beispiel das Erlebnis, einen schlechten Numerus Clausus im Abitur zu haben. »Zahnmedizin mit 3,1 geht ja nicht. Aber Pfarrer könnte ich noch werden ...« Oder das Berufungserlebnis einer schlechten Predigt am Sonntag nach dem Abitur: »Also was der kann, das kann ich schon lange.« Erfahrene Ausbildungsleiter an Bibelschulen und theologischen Seminaren prüfen deshalb genau, ob die hausgemachte B. durch Ablagerung zu einer gut abgehangenen

DAS SCHÖNE AM KIRCHENBASAR IST, DASS MAN DA ALL DIE DINGE WIEDERTRIFFT, DIE MAN IM LETZTEN JAHR SELBST VERKAUFT HAT!
OH! HALLO, STINKI!
HE, MOMENT! DICH KENN ICH DOCH!!
10,-
THEES

c) göttlichen B. reift. Auch ohne nächtliche Ringkämpfe am Fluss, brennende Dornbüsche, feurige Kohlen auf den Lippen oder Stürze vom Pferd bewähren sich diese »göttlichen B.en« allerdings ein Leben lang im Dienst für die Menschen.

Bibelschule

Halbwissenschaftliche Ausbildungsstätte ohne anerkannten Abschluss und konkretes Berufsziel. Drei Monate bis fünf Jahre lang untersuchen Bibelschüler die Bibel mit menschlichen Methoden, um dann festzustellen, dass man sie nicht mit menschlichen Methoden untersuchen kann.

bibeltreu

Bibeltreu ist, wer alles treu tut, was in der Bibel steht. Also zum Beispiel: »Den Mantel, den ich in Troas bei Karpus zurückgelassen habe, bringe mit, wenn du kommst!« (2. Timotheus 4,13)

biblisch

Objektiv alles, was Gott erklärtermaßen für das Heil und das Wohl der Menschen und ihr Zusammenleben in der Bibel offenbart hat und was von Jesus Christus vorgelebt und eingesetzt wurde.

Subjektiv immer das, was die eigene theologische Meinung untermauert: Manche Katholiken finden das → Papsttum und den Zölibat (die Ehelosigkeit der Priester) b., manche Freikirchler das Predigtverbot für Frauen und das Rauchverbot für Männer. Manche Lutheraner halten schon alles für biblisch, was irgendwie linksgrünbasisdemokratisch und ökologisch sozialrevolutionär klingt.

Bischof

Katholische B.e sehen in vollem Ornat wie Rotkäppchen aus.

Evangelische haben kein volles Ornat und sehen wie Bankangestellte aus.

Freikirchen haben keine B.e. Außer die Methodisten und die Presbyterianer. Die hatten in Boston / Massachussetts sogar mal eine schwarze Frau B. Und die sah sehr gut aus.

Bruder

Unter → Christen gebräuchliche Anrede anstelle von »Herr«. Folgt der Nachname (»Bruder Meier«), befinden Sie sich in einer Freikirche. Folgt der Vorname (»Bruder Karl«), befinden Sie sich in einem Kloster. Wird die Vorsilbe »Amts-« verwendet, befinden Sie sich unter landeskirchlichen Pfarrern. Legt Ihnen jemand die Hand auf die Schulter, schaut Sie sorgenvoll an und beginnt nach tiefem Luftholen mit »Bruder ...«, dann machen Sie sich auf einen Tadel gefasst. Im Sinne von »Hör mal, Freundchen ...«

Bund

a) Oberes Ende einer Hose.
b) Kurzform für »Bundesrepublik Deutschland«. Synonym für »Staat«. Bürgermeister prüfen vor Investitionen immer, ob die kostspielige Angelegenheit nicht »Sache des B.es« (statt Sache der Städte und Gemeinden) ist. Dann muss der nämlich zahlen. Zahlt der tatsächlich, kommt zur Einweihung ein »Vertreter des B.es«.
c) Dachorganisation einer evangelischen Freikirche. Zum Beispiel »Bund Freier evangelischer Gemeinden« oder »Bund Evangelisch-Freikirchlicher Gemeinden«. Besteht im Wesentlichen aus einem großen Bürogebäude, etlichen »Bundesdirektoren«, »Bundespflegern« oder Referatsleitern nebst Sekretärinnen und hauseigener Sparkasse. Obwohl diese Personen auch »Vertre-

ter des B.es« sind, bekommen sie weniger Gehalt als die unter b) Genannten. Haben auch weniger Befugnisse als Direktoren in der Industrie oder gar → Bischöfe. Freikirchen sind oder fühlen sich nämlich vor Ort autonom, d.h. nicht weisungsgebunden. Nur wenn Investitionen anstehen, prüfen sie, ob das nicht »Sache des B.es« ist.

Bußruf

a) »Der Bus ist da!« Oder: »Alles einsteigen bitte!«
b) Mahnende, anklagende, aufrüttelnde Predigt mit dem Ziel, bei den Hörern eine innere Umkehr zu bewirken. Je nachdem, wie laut der Bußruf tatsächlich gerufen oder von der Kanzel geschrien wird, bewirkt er auch das Gegenteil.

C

Calvinist

a) Tourist, singular, der im christlichen Freizeit-Zentrum des Missionswerks »Neues Leben« in Calvi/Korsika Urlaub macht.
b) Anhänger des Genfer Reformators Johannes Calvin. Der war strikt gegen Bilder im Kirchenraum und hat angeblich auch einige Frauen ertränken lassen, aber das sollte man heute keinem C.en mehr zum Vorwurf machen. Sprachforscher rätseln noch, ob die einerseits strenge, andererseits französische Lebensweise der frühen C.en auch den Genuss von Calvados mit einbezog oder nicht.

Campingmission

Wenn Sie ein grau melierter Herr oder ein zotteliger Zivildienstleistender in Badehose einfach so anspricht, Ihnen direkt in die Augen schaut, obwohl Sie einen Bikini tragen, und seine Frage: »Hätten Sie heute Abend Zeit und Lust, am Strand ...« mit dem völlig überraschenden Halbsatz weitergeht »... in unseren Gottesdienst zu kommen? Es gibt moderne Bibelübersetzung und heiße Würstchen!« –, dann wissen Sie: Die C. hat auch Ihren Urlaubsort erreicht!

CDU

Wörtlich: Christlich Demokratische Union. Deutsche Partei, die auf der Grundlage des Evangeliums Politik betreibt. Nämlich Arme nährt, Gefangene besucht, Obdachlose aufnimmt, die

Schöpfung bewahrt, Mächtige vom Thron stürzt, dafür Niedrige erhöht, Hungernde beschenkt und Reiche leer ausgehen lässt (Lukas 1,51-53; Matthäus 25,35-36).

charismatisch

a) Im außerkirchlichen Gebrauch heißt das einfach »gut«, »faszinierend«. Man spricht etwa von einem »charismatischen Blues-Gitarristen«.
b) Das Neue Testament bezeichnet alle → Christen als mit »Gnadengaben des Heiligen Geistes begabt« (→ Gabe, geistliche) und ausgerüstet. Wörtlich also: »geistbegabt«.
c) Im innerkirchlichen Gebrauch bezeichnet es die Fähigkeit, von einer Minute auf die andere hochgestimmt, hingebungsvoll und fast verzückt glücklich beten zu können. Oder besonders enthusiastische Gottesdienste gestalten zu können, bei denen die Nachvollziehbarkeit der Aussagen und die Anzahl der Refrain-Wiederholungen unerheblich sind gegenüber dem, was »sich tut«.

Was sich tut, kann von freundlicher Atmosphäre bis zu dramatischen Heilungswundern alles sein. Für Außenstehende ist es weniger befremdlich, dass die »Geistesgaben« aus 1. Korinther 12 u. 14 zum Einsatz kommen. Seltsamer erscheint ihnen oft die zentrale Bedeutung der Begriffe »Power«, »Sieg«, »Kampf«, »Land einnehmen«, »Frucht« und »Salbung«. Deren exakte Füllung ist von Ort zu Ort verschieden, aber Vielfalt ist eben auch manchmal Einfalt.

Christ

Eigentlich ein klares Wort: Einer, der sich zu Christus hält. Heute oft nur einer, der vergessen hat, aus der Kirche auszutreten.

ICH WUSSTE BISHER NUR, DASS SIE MEIN AUGENARZT SIND. ABER JETZT KENNE ICH AUCH IHRE RELIGIÖSE ÜBERZEUGUNG!
ACH! WOHER DAS DENN?
ICHG
LAUB
EANGOTT
DENVATERD
THEES

Christ, gläubiger

Eine Formulierung, die ungefähr so sinnvoll ist wie »weißer Schimmel«. Eine Tautologie also, eine unnötige sprachliche Ergänzung. Trotzdem beliebte Selbstbezeichnung → evangelikaler → Christen und gleichzeitig die Erkennungsformel, wer → rechtgläubig bzw. rechts und gläubig ist. Denn wer nur »recht gläubig« ist, wird nicht von allen »gläubigen Christen« als »gläubiger Christ« anerkannt.

Chorus

Perpetuum Mobile des Anbetungs-Singens im Gottesdienst.

Credo

a) Deodorant minderer Qualität. Gibt es in den Drogerie-Regalen jedes x-beliebigen Supermarktes.
b) Einzigartiger Text aus nur zwei Sätzen, die alles sagen, was Christen im Kern glauben. Siehe → Apostolikum.

D

Dankopfer

Siehe → Kollekte

darbringen

Wird im Frommdeutschen für drei verschiedene Tätigkeiten gleichzeitig verwendet:

a) Ein »Lob d.« heißt: Singen.
b) Ein »Opfer d.« heißt: Geld spenden.
c) Ein »Kind d.« heißt nicht es zu besingen oder gar zu opfern, sondern es segnen zu lassen. Da vor allem → Baptisten Kinder nicht taufen, möchten sie diese aber trotzdem in einer öffentlichen Zeremonie unter den Schutz und die barmherzige Fürsorge und Führung Gottes stellen.

Dekan

Er befehligt manchmal mehr als zehn Untergebene, amtiert länger als eine Dekade und heißt trotzdem Dekan. Es gibt ihn an der Spitze einer Universität, eines Kirchenbezirks oder einer einzelnen Kirche. Je nachdem welche Umgangsformen er mit seinen Untergebenen pflegt, empfinden die ihn als Spitze oder als Gipfel.

demütig

Die Bereitschaft, weder hochmütig noch mutlos mit solchen Menschen und Aufgaben Zeit zu verbringen, die man spontan als uninteressant, unnötig oder gar »unter meinem Niveau« empfinden würde.

DERMALEINST WERDEN WIR SEHEN, WAS UNS BISHER ZU SEHEN NICHT VERGÖNNT WAR!
HURRAAA! HORROR-FILME!!!
THEES

Denomination

Im Frommdeutschen bezeichnet »Denomination« Kirchen, Freikirchen und religiöse Gemeinschaften, deren Namen (lateinisch »Nomen«) so schwer zu behalten sind, dass man lieber pauschal De-Nomination, also »Un-Benennung« sagt. Juristisch könnte damit auch jede Abweichung von der Regel (griechisch »Nomos«) gemeint sein, entsprechend einer De-Formation oder De-Viation (französisch für »Umleitung«).

dermaleinst

Frommdeutsch für: vor Gottes Thron. Im Jenseits. Im Himmel. Präzise Zeitangabe, denn »dermaleinst« ist sofort nach dem Ende der Welt.

Deut

Wird nur in erregtem, leicht ärgerlichem Zustand verwendet und dann immer in der Negation: »Kein Deut!« Gemeint ist das Jota, ein Buchstabe des griechischen Alphabets.

Diakon

Wenn Dias unverglast, im billigen Papprahmen, vor die heiße Lampe des Dia-Projektors gesteckt werden, wölben sie sich manchmal und zeigen ein unscharfes Bild. Der fachkundige Optiker unterscheidet zwischen Wölbung nach außen (Dia konvex) und Wölbung nach innen (Dia konkav). Die Abkürzung »Dia-Kon« lässt beide Wölbungen zu, da der D. als Handlanger des Pfarrers, Sklave der Jugendgruppe oder auch Kellner des Seniorenkreises in dogmatischen Fragen flexibler sein kann als sein Dienstherr.

Diakonisse

Modebewusste Krankenschwester. Liebt die schwarzweiße Hochzeitstracht des 18. und 19. Jahrhunderts, als Mädchen noch buchstäblich »unter die Haube« kamen. Kommt deshalb jeden Morgen erneut unter ihre – weiße, extrem gestärkte und einzigartig akkurat gebügelte – Haube. Bleibt dabei aber lebenslang ehelos.

Raffinierter Schulterbesatz in Glockenform, aktuell pechschwarz oder anthrazit bis zu den Ellenbogen, sowie weite Röcke im Faltenwurf bis zu den Waden erlauben es der geschickten D., durch vollgeparkte Krankenhausflure zu eilen, ohne dabei mit ihren wehenden Gewändern irgendwelche Schnabeltassen herunterzureißen, oder Kanülen herauszureißen. Voraussetzung für die trittsichere D. ist aber eine entsprechend breite Birkenstock-Sandale, bevorzugt in Weiß, die mit der Haube geschickt korrespondiert und so das Gesamtbild abrundet.

Diener am Wort

Weil Prediger auf der → Kanzel beim Zitieren des Wortes Gottes in die vor ihnen liegende Bibel schauen, neigen sie unweigerlich den Kopf dabei. Machen also zu Beginn immer einen »Diener«. Daher der etwas altbacken klingende Begriff für die Grußform.

Entsprechend dem »Diener am Wort« gibt es die höfliche Kopfneigung auch bei Empfängen oder Partys. Dann heißt es aber »Diener am Eingang« oder »Diener mit Handschlag«.

Dienst, vertiefender

Als »vertiefenden Dienst« bezeichnet man eine → Evangelisation, zu der nicht ein einziger → Außenstehender erschienen ist, die aber allen Frommen viel Freude machte.

GOTT, ICH BIN FEST ENTSCHLOSSEN, EIN DIENER AN DEINEM WORT AUF DEM MISSIONSFELD ZU WERDEN. NUN ZEIGE MIR DOCH MÖGLICHST BALD, WER DEIN WORT AM NÖTIGSTEN BRAUCHT...
THEES

Dogmen

a) Englisch für: Hundeführer. Mehrere Männer mit Hunden.
b) Lehrsätze der Kirche. Theologische und moralische Grundregeln. Das Eingemachte sozusagen. Gebildet: das Unaufgebbare.

D. waren im Mittelalter eine Quelle qualvoller Torturen für jene, die nicht dran glaubten. Sie sind heute eine Quelle qualvoller Fernseh-Talkshows für jene, die dran glauben.

Dominus Vobiscum

Ein uralter lateinischer Segensgruß – »der Herr sei mit euch« –, der infolge abnehmender Lateinkenntnisse vor allem unter der pubertierenden Jugend oft als »Dumme Nuss, wo bist Du?« missdeutet wird. Völlig falsch. Wie jeder in Stilfragen sicher urteilende Ehemann weiß, handelt es sich um eine spezielle Farbzüchtung der besonders bei christlichen Frauen reifen Alters beliebten Blume »Dominus Hibiscum«.

Dreifaltigkeit

Gebildet: »Trinität«. Theologische Warnung, Gottes Größe und Weite nicht einfältig erklären zu wollen. Eine Gottesbezeichnung, die sich in dieser Form nicht in der Bibel findet. Aber die viele Jahrhunderte lang die → Konzilien beschäftigte und etliche Theologen das Leben kostete. Der Streit, ob Gottvater, Gottes Sohn und der Heilige Geist überhaupt als eine einzige Person gedacht werden können, zieht sich als unangenehmer Dauerpfeifton durch die Theologiegeschichte. Ein »Trinnitus«. Heute sichert dieser Streit um die Trinität jedoch jenen Dogmatikprofessoren den Lebensunterhalt, die mehr als drei Falten auf der Stirn haben.

E

Ehrwürdige Mutter

Wer so angeredet wird, ist garantiert keine Mutter. Sondern eine ältere Ordensfrau in Leitungsposition. Also Jungfrau.

Einheit, geistliche

Gedachte, ersehnte, laut oder leise herbeigewünschte Übereinstimmung aller Christen mit der Meinung des Bittenden. Johannes 17 wird irrtümlich oder bewusst falsch zitiert als Bitte, »dass sie alle meins seien«.

Endzeit

a) Die Zeit seit der Himmelfahrt Jesu (Apostelgeschichte 1,11).
b) Die jeweils nächsten fünf Jahre. Nach Geschichtsauffassung mancher Christen jedenfalls.
c) Stimulierender Begriff aus der christlichen Buchwerbung. Wird zur Auslösung eines Kauf-Impulses eingesetzt. Das geht so: Angst machen vor der Zukunft aller Menschen (»Wie grässlich wird es werden?«), Besorgnis erregen vor der Zukunft der → Christen (»Werde ich dabei sein?«) und Überheblichkeit erzeugen gegenüber dem Rest der Christen- und Menschheit (»Ihr werdet ja sehen: Ich hab's gewusst!«). Völlige Sorglosigkeit hingegen beseelt die Autoren der E.-Bücher: Dass man ihre Voraussagen aus den 70er Jahren noch mal hervorkramen und am – erstaunlichen – Lauf der Welt in den letzten 30 Jahren prüfen könnte, fürchtet offenbar niemand.

GOTTES REICH IST NAH!
„DA"!
THEES

Engagement

Seit den 68er Jahren beliebig erweiterbarer Begriff für alle Arten des Mitdenkens, Mitredens und manchmal sogar Mitarbeitens. Je nach Niveau der jeweiligen Kirchengemeinde gelten

a) mehr als zwei Gottesdienstbesuche pro Jahr schon als E.,
b) mehr als 5 % Spende vom Bruttoeinkommen pro Jahr als E.,
c) mehr als eine Altglassammlung, Jugendstunde oder eine Gestaltung des Programms im Seniorenkreis als E.,
d) wöchentlich etwa viermaliges Dabeisein im Posaunenchor, in der Bibelstunde, im Frauenkreis und im Gottesdienst als E.

Epistel

a) Ein im Kirchenkalender für die Liturgie des Gottesdienstes an bestimmten Sonntagen vorgesehener Bibelabschnitt, den es zu zitieren oder über den es zu predigen gilt. Ist dieser Textabschnitt kurz, verstehen Sachsen darunter »Eh bissel«.
b) Frau eines Apostels.

Erneuerung

a) Wer sich von seinen alten Autoreifen nicht trennen will, weil er mit ihnen immer gut gefahren ist, lässt ein tieferes Profil hineinschneiden. Das nennt man »Runderneuerung«. Mit tieferem Profil kommt man nicht so leicht ins Schleudern.
b) Wer mit seiner alten Kirche ins Schleudern kommt, sich aber trotzdem nicht von ihr trennen will, träumt von einer (und betet für eine) Runderneuerung. Dass die Profilierungs-Einschnitte aber bei dem Träumer und Beter selbst beginnen, ist manchmal schmerzhaft und wird oft vergessen.

Erntedankfest

Kleine Landwirtschaftsausstellung im Gottesdienst. Meist Anfang Oktober. Immobilienmakler, Aktienbesitzer, Industrie-Vertreter mit Fixgehalt und Provision sowie Beamte und Rentner danken beim E. »für die Früchte des Feldes«. Dass dieses Jahr wieder »das Korn gut in die Scheune kam« usw. Prediger stehen dabei nicht nur vor dem großen Kürbis, sondern auch vor der Schwierigkeit, beim E. einerseits Dankbarkeit predigen zu wollen, andrerseits Obst- und Gemüsevernichtung in der EU nicht verschweigen zu können.

Erotik

a) Erfindung Gottes. Teil der Schöpfung Mensch.
b) Das Gegenteil von Pornografie.
c) Wohltuend erregende Ausstrahlung oder Atmosphäre zwischen Mann und Frau – hervorgerufen durch Aussehen, Blicke, Mimik, Gesten oder Zärtlichkeit –, die von manchen Christen als etwas gefährlich und ein bisschen unangenehm betrachtet wird. Die in Wirklichkeit aber außerhalb der Ehe sehr gefährlich und in der Ehe wahnsinnig angenehm ist!

Erweckung

a) Wenn eine im Verhältnis zur Gesamtbevölkerung relativ hohe Anzahl von Menschen plötzlich an → Jesus glaubt, ihr Leben in Ordnung bringt und aktiv in einer → Gemeinde mitarbeitet.
b) Das, was immer nur früher und immer woanders stattfand.
c) Die Teilung eines → Hauskreises.
d) Das, was man nach einer einschläfernden Predigt braucht.

JA! JETZT SIND WIR ALLEIN UND VERHEIRATET! UND ICH DARF ENDLICH ZUM... TIER WERDEN!!!
OOOOOOH JAAA! LOOOS! WERD ZUM TIER! WERD ZUM TIER!
THEES

evangelikal

Mess-Einheit zur Feststellung des Nährwerts von Predigten und christlichen Veranstaltungen. Der geistliche Brenn- und sittliche Nährwert der → guten Nachricht (Eu-Angelion) wird seit etwa 150 Jahren in den USA und rund 25 Jahren in Europa mit der Einheit »evangeli-Kal(orien)« gemessen. Zum Aufbau des inneren Menschen bzw. des »Neuen Menschen« ist ein gewisses Maß an evangeli-Kalorien einfach notwendig. Zu viele davon führen allerdings zu behäbiger Unbeweglichkeit in der Gemeinde, Kurzatmigkeit in Fragen politischer Ethik, Herzlähmung in Sachen Barmherzigkeit und Übergewicht auf der rechtskonservativen Seite.

evangelisieren

a) Mit Nichtglaubenden in ein Gespräch kommen und sie zur Christus-Nachfolge einladen.
b) Predigt vor Abwesenden (→ Außenstehende).

Evangelist

a) Verfasser eines der vier Evangelien im Neuen Testament.
b) Sänger der schwierigen Solo-Partien in Johann Sebastian Bachs »Matthäus-Passion«.
c) Herr mittleren Alters, der von Gemeinden meist → evangelikaler Prägung zum → Evangelisieren eingeladen wird. Das heißt man bittet ihn, Mitgliederwerbung unter → Außenstehenden zu betreiben.

Ewigkeit

a) Die letzten 10 Minuten einer praktischen Führerscheinprüfung.
b) Die ersten 5 Minuten einer Wurzelbehandlung beim Zahnarzt.

c) Zeitlosigkeit nach dem Tode eines Menschen oder nach dem Ende der Welt, die aber in zwei aufeinanderfolgenden Epochen zu kommen scheint. Wie sonst ist die Formulierung »von Ewigkeit zu Ewigkeit« zu verstehen?

Exegese

Wird von Computerexperten für die falsche Schreibweise von »gese.exe« gehalten. Meint aber: Schriftauslegung. Analyse, Interpretation und praktische Anwendung eines Bibeltextes. Hat manche »Exegeten« leider zu dem »exegetischen Ergebnis« gebracht, Maria sei keine Jungfrau gewesen, Jesus habe keines seiner Worte selbst gesagt, sei auch nicht auferstanden, und die christliche Kirche sei nichts weiter als eine jüdische Splittergruppe des rechthaberischen Paulus. Muss dann aber heißen: »Exekäse«.

F

Fallstrick

Organisatorische oder finanzielle Schwierigkeit, meist durch simple Fehler kirchlicher Mitarbeiter entstanden, die irrational überhöht wird. Siehe → straucheln.

Flanellbilder

Figuren aus Papier oder Tuch, die dank aufgerauter Rückseite auf einer Tafel mit Flanellbespannung haften bleiben. Seit 1888 im Gebrauch. Was die solide Kontinuität didaktischer Mittel im Kindergottesdienst bzw. in der → Sonntagsschule beweist. Der pädagogische Trick: Selbst lernunwillige, unruhige Kinder starren wie gebannt auf die Flanellbilder, weil viele eben nicht haften bleiben. Sondern runterfallen. Und dadurch den biblischen Geschichten ganz neue Wendungen geben. Was sich da mehrmals zwischen Flanelltafel, Mitarbeiter(in) und Fußboden abspielt, nennt man »Bibliodrama«.

Fotograf

Hauptdarsteller einer kirchlichen Trauung. Verwandelt den Altarraum in ein Studio, das Brautpaar in Models, den betenden Pastor in eine Kitschpostkarte und die schluchzende Schwiegermutter in ein dekoratives Element. Kann bis zu drei voll automatische Apparate um den Hals hängen haben, deren sämtliche Verschlüsse, Motoren und Blitzgeräte gemeinsam Geräusche erzeugen, als herrschte draußen Bürgerkrieg. Der F. bewegt sich etwa eine

Stunde lang auf Zehenspitzen und mit freundlich entschuldigendem Blick immer zwischen Pastor und Brautpaar hin und her. Auf jeden Fall aber *vor* der Festgemeinde.

Fragestellung

Bei intellektuellen Christen beliebte Umschreibung für »Problem«. Das muss man dann nämlich nicht möglichst schnell lösen, sondern kann »Fragestellungen aufgreifen«. Stellt jemand eine Frage, will er normalerweise eine Antwort. Kann die aber keiner geben, kann er wenigstens versprechen, die »Fragestellung zu vertiefen«. Die Antwort schuldig zu bleiben und die Frage auszusitzen also. Müsste daher eigentlich heißen: »Fragesitzung«.

Freiheit, äußere

Das, was Christen im Sudan, Arme in der Ukraine und Bespitzelte in China immer noch nicht haben.

Freiheit, innere

a) Beschönigende Beschreibung für Taktlosigkeit.
b) Deutsch für das griechische Wort »Exusia«. Der Freimut, die Unerschrockenheit, der Mut, sich ggf. auch öffentlich zu → Jesus zu bekennen. Eine christliche Überzeugung auch dann zu vertreten, wenn die Umstände eher einschüchternd sind. »Exusia« wäre es z.B., im Emanzencafé gegen Abtreibung zu sein. In der Fabrikkantine für Asylbewerber zu sprechen. Beim Charismatiker-Kongress die sozialpolitische Verantwortung zu betonen. Beim Deutschen Evangelischen Kirchentag die Notwendigkeit der Bekehrung zu unterstreichen und beim Evangelikalen-Kongress gegen Selbstgefälligkeit zu plädieren.

Freude

Etwas, was → Fundamentalisten fundamental fehlt.

Freudigkeit

Wörtlich: »Lust auf«, »Spaß an«. Um aber Lust und Spaß zu vermeiden, spricht vor allem der → evangelikale Christ lieber von »sich F. schenken lassen«. Vor allem dann, wenn ihm zu einer unangenehmen Aufgabe (wie z.B. Klo putzen im Gemeindehaus) die F. fehlt.

Führung

a) Wenn ein Single, männlich, in Haggai 1, Vers 11a liest »Ich habe die Dürre gerufen« und am selben Tag eine sehr schlanke Frau kennen lernt.
b) Zufall. Sagen viele. F. sagen Christen. Meinen damit ein »Geführtwerden von Gottes Geist« und schmunzeln dabei etwas. Weil sie das glückliche Zusammentreffen idealer Umstände einerseits nicht undankbar abhaken möchten, andererseits aber auch nicht glauben müssen, Marionetten Gottes zu sein. Die F. im Leben eines Nachfolgers Jesu beschreiben die, die sie erfahren haben, als Mischung aus folgenden Komponenten: der »Leitung durch die Augen Gottes« (Psalm 32), dem Eindruck, wie ein geliebtes Kind beschützt zu werden, und guter Planung. Der Begriff kommt wörtlich als Substantiv in der ganzen Bibel nicht vor. Als Verb um so häufiger.

Fülle

Man unterscheidet vier Arten der Fülle: Geistesfülle, Leibesfülle, Fülle der Zeit und Fülle der Heiden.

a) Geistesfülle glauben fast alle Prediger zu haben.
b) Leibesfülle haben fast alle Prediger.
c) »Fülle der Zeit« ist entweder ein grammatischer Fehler und meint Fülle *die* Zeit (im Sinne des »Carpe diem«, »Nutze den Tag« des Horaz, bei uns besser bekannt aus dem Kino-Film »Club der toten Dichter«) – oder eine rücksichtsvolle Umschreibung des Weltendes.
d) »Fülle der Heiden« bezieht sich auf Römer 11, Vers 25 und bezeichnet eine nur Gott bekannte »Vollzahl« an Bekehrten. Manche Christen identifizieren diese Zahl mit der gesamten Weltbevölkerung und missionieren deshalb überhaupt nicht mehr; manche andere Christen halten diese Zahl innerhalb der nächsten fünf Jahre für erfüllbar und missionieren deshalb etwas hektisch.

Fundamentalist

Herzloser Eiferer, der trotz extrem verengter Wirklichkeitswahrnehmung von sich glaubt, alles wirklich Wichtige über Gott, den Menschen und die Welt zu wissen. Und von Gott glaubt, der würde sich an dieses Wissen halten.

Furcht

Sie ist nicht in der Liebe (1. Johannes 4,17). Aber im Glauben mancher Christen ist sie das Hauptmotiv ihrer Frömmigkeit.

G

Gabe

Siehe → Kollekte.

Gabe, geistliche

Das, was alle Christen und nicht nur die → Charismatiker haben. Gegeben wird sie vom Heiligen Geist. Wie viele unterschiedliche g.G. es gibt, ist ebenso strittig wie der Wert der einzelnen g.G. Fest steht, dass Christen sich nach ihnen »ausstrecken« sollen.

Gebet

Hören auf Gott. Sehr persönliches Gespräch mit → Abba.

Gebetspartner

In Spendenaufrufen evangelikaler Missionswerke beliebte Umschreibung für »Einzahler, Spender«.

ins Gebet nehmen

Wörtlich eigentlich: für jemanden beten, bei Gott für ihn einstehen, ihm Gutes wünschen und für ihn ebensolches erbitten. Umgangssprachlich aber: Zusammenstauchen, beschimpfen, tadeln. Kommt sprachgeschichtlich nämlich gar nicht von »Gebet«, sondern vom niederdeutschen »Gebiss«. Nahm der Bauer das widerspenstige Pferd »ins Gebiss«, dann zügelte er es.

geführt

Ein Christ entscheidet nicht einfach, wo er wohnen und arbeiten oder wen er heiraten will. Er wird g. War die Entscheidung falsch, wird er anschließend oft »anders g.«. Findet er eine günstigere Arbeitsstelle, sagt er seinem Chef: »Ich sehe mich ab 1. 1. anders g.«. Findet sein Chef einen besseren Arbeiter, dann sagt er: »Ich sehe *Sie* ab 1. 1. anders g.!«

Gehorsam

Wer Heinz Rühmann als »Hauptmann von Köpenick« oder Fritz Muliar als »braven Soldaten Schwejk« sah, muss bei dem Begriff schmunzeln: Tragikomische Absurditäten entstehen, wenn Kadavergehorsam statt Mitdenken verlangt wird. Mindestens ebenso tragikomisch: Der Versuch, im Gefolge der späten 60er Jahre »antiautoritäre Kinderläden« völlig ohne Gehorsamsforderungen durchzuhalten. Weil die biblischen Autoren weder den preußischen Mittelscheitel noch den linksalternativen Rauschebart kannten, schreiben sie ganz unbekümmert: Glauben heißt Gott gehorsam werden. Und: Predigen heißt in den Glaubensgehorsam rufen. Und die Taufe sei ein G.sschritt. Wenn dieser G.sschritt für

manche Freikirchler allerdings die einzige dünne Begründung für ihre Taufe ist, wundert's niemanden, dass viele →Außenstehende Gott und seinen Geboten fürderhin den G. verweigern.

Gemeinde

Örtlicher Zusammenschluss der → Christen. Aufgrund vielfältiger Teilungen, Streitigkeiten und Erkenntnisunterschiede gibt es häufig eine verwirrende Zahl örtlicher G.n. Alle Christen der Welt bilden die »G. der Heiligen«.

Gemeinderat

Gruppe ehrenamtlicher Mitarbeiter, die in regelmäßigen Sitzungen raten darf, was der Pfarrer für die Gemeinde schon beschlossen hat.

Gerechtigkeit

Was Liebe will.

Gericht

Das, was jeder normal Empfindende unter folgender Situation verstehen würde: Direkt vom Tapezieren oder von der Auto-Reparatur weg, mit öligen Fingern, schmutzigen Kleidern, verfilzten Haaren und etwas Anspannung im Bauch werden Sie zu einem Gala-Empfang in den Festsaal von Schloss Bellevue in Berlin oder in den Elysée-Palast in Paris eingeladen. Man setzt Sie neben den Bundespräsidenten oder Königin Silvia von Schweden, alle Kameras laufen, und in einer Tischrede werden besonders Sie herzlich willkommen geheißen. Alle sind liebenswürdig zu Ihnen, aber Sie möchten vor Scham im Boden versinken.

Gideons

Vergessliche Geschäftsleute, die in jedem Hotelzimmer eine Bibel liegen lassen. Haben sich inzwischen zu einer Selbsthilfegruppe zusammengeschlossen. Offenbar ohne Erfolg. Es gibt immer mehr »Gideon-Bibeln« in Nachttisch-Schubladen.

gilt

In Predigten beliebte Formel, mit der sich jedwede Behauptung als Tatsache hinstellen lässt, ohne begründet oder irgendwoher abgeleitet zu sein. Abrupt sagt der Prediger: »Hier gilt ...« oder: »Es gilt: ...«, und schon gilt es.

Hat der Redner gerade eine steile Einseitigkeit betont und ist wegen der möglichen Folgen seines radikalen Standpunktes erschrocken, kann er sofort das Gegenteil behaupten, ohne unglaubwürdig zu werden. »Es gilt aber auch das andere ...«, sagt er, und dann folgt seine Einschränkung.

Gitarre

Ursprünglich spanisches Saiteninstrument, das vor allem in pietistisch-evangelikalen und in charismatischen Gemeinden die Funktion der Orgel übernommen hat. Mit dem Vorteil, dass man auch ohne Kenntnis und mit nur drei Akkorden rund 50 Chorusse begleiten kann. Organisten und ausgebildeten Kantoren kommt die G. deshalb bis heute spanisch vor.

Glaube

Laut Hebräer 11, Vers 1 ein »festes Rechnen mit dem, was man nicht sieht«. Anders ausgedrückt: Urvertrauen zu Gott plus Erkenntnis und Anerkenntnis der Heiligen Schrift plus Erfahrung des Auferstandenen ist gleich Lebensweise in der Nachfolge → Jesu.

Glaubensfrucht

a) Laut Galater 5, Vers 22 die sichtbaren oder spürbaren, im Alltag wirksamen Ergebnisse in Charakter und Verhalten eines Menschen, der an → Jesus Christus glaubt und vom Heiligen Geist motiviert handelt.
b) Laut pietistischer Kleiderordnung für Frauen des 19. und frühen 20. Jahrhunderts ein Haarknoten am Hinterkopf. Spöttisch bisweilen als »Gebetszwiebel« belächelt.

Glaubenswerk

a) Neutestamentlich zunächst einfach alles, was aus einem Vertrauensverhältnis zu Gott heraus unternommen wird.
b) Frommdeutsch alles, was ohne gründliche Planung, finanzielle Absicherung oder kalkulierbare Aussicht auf Erfolg unternommen wurde. So dass technische Fehler und menschliche Unfähigkeiten als Preis des »Glaubenswagnisses« deklariert

werden können bzw. Zahlkartenverschickung und Spendenappelle geistlich legitimiert sind. »Im Glauben« schon mal anvisierte Glaubenswerke enden oft mit Gläubigern (mit »r«!).

glinus

»Gläubig in unserem Sinne.« Frommdeutsch für: meiner Meinung sein.

Glocken

Überdimensionale umgedrehte Eimer aus einer kunstvollen, aufwändigen und teuren Metall-Legierung, die – mit der Öffnung nach unten in einen Kirchturm gehängt – mittels eines ebenso riesigen Eisenstabs einen Heidenlärm verursachen können. Der den Heiden aber was »künden« soll. Sonntags den Beginn des Gottesdienstes oder dessen Ende. Werktags »kündet« der Lärm einer Glocke zum Beispiel einem ganzen Stadtteil, dass es 5.50 Uhr ist und Zeit, zur Frühmesse aufzubrechen. In gemessener Lautstärke, am besten aus der Ferne und noch dazu abends klingen die G. hingegen romantisierend und sind wichtiger Bestandteil der Tourismusbranche.

Belästigt der kirchliche Lärm gar keine Heiden, sondern Muslime, denken diese wehmütig darüber nach, warum das Gequäke ihres Muezzin vom Minarett einer Hinterhof-Moschee am Freitagabend zur lauten Rush-Hour störender sein soll als das Glockengeläut morgens in christlicher »Herrgottsfrühe«. Nur wenige Kulturbeflissene wissen noch rein vom Klang her das »Mittagsläuten« vom »Angelusläuten« oder »Paternosterläuten« zu unterscheiden. Weshalb es dem jungen Paar und Freunden auch nichts ausmachte, als zu Beginn einer Hochzeit das Totenglöckchen gebimmelt wurde ...

Glossolalie

Die in 1. Korinther 14, Vers 27 erwähnte »Zungenrede«. Bezeichnet die Fähigkeit, unaussprechliche Worte aussprechen zu können. Worte wie z.B. »Glossolalie«. Hat ein Gottesdienst mit Zungenrede den Teilnehmern nicht gut gefallen, erzählen sie zu Hause: »Es war so glossolala.«

Gnade

a) Johannes 3, Vers 16. Siehe → Inkarnation.
b) Falsch zitiertes Hauptwort aus 2. Korinther 12, Vers 9 (»Lass dir an meiner G. genügen«). Die historisch-kritische Forschung hat festgestellt, dass dieser Satz aus einer Tarifverhandlung stammt und ursprünglich hieß: »Lass dir an meiner Gage genügen.«

Grußwort

a) »Guten Tag!« »Hallo!« »Grüß Gott!«
b) Überflüssige Rede. Beteuert in mehrmaligen Wiederholungen durch alle anwesenden Vertreter von Staat, Land, Stadt, Nachbarkirchen, Freundeskreis und Familie,
wie schön das neue Gebäude ist (bei Einweihungen);
wie verdienstvoll der Jubilar ist (bei Jubiläen);
wie wichtig diese Aktion ist (bei Veranstaltungen);
wie traurig dieser Tag ist (bei Verabschiedungen).
Allerdings bietet das Grußwort die Gelegenheit, einmal zu testen, ob der Bürgermeister Worte wie z.B. »methodistisch« oder »mennonitisch« sagen kann, ohne sich zu verhaspeln.

Gute Nachricht

a) Wörtlich: Evangelium, frohe Botschaft.
b) Eine Bibelübersetzung, die es ermöglicht, sehr bekannte Bibelstellen (Psalm 23; Johannes 3,16) vorzulesen, ohne dass jemand merkt, dass es sehr bekannte Bibelstellen sind.

H

Halleluja

a) Hebräisch, wörtlich: »Lasst uns den Herrn loben.« Ehemals spontan und euphorisch als Ausruf der Freude und Begeisterung gebraucht. Vergleichbar unserem »Toll!«, »Super!«, »O Mann!«.
b) Frommdeutsch: ein formelhafter Ausdruck der dezent zurückgehaltenen Mitfreude. Kann auch mit gesenktem Kopf und todtraurigem Blick gemurmelt werden.

Häresie

a) Falsche Schreibweise. Muss heißen: »Höre Sie ...« Schwäbische Einleitungsformel für einen nachfolgenden Protest oder Tadel.
b) Haarige Angelegenheit. Wörtlich: Irrlehre. Das, was zur Gründung einer neuen Konfession führt, falls sich die alte nicht ohnehin an die H. gewöhnt hat.

Hauskreis

Gemütliches Beisammensein mit Getränken, Chips und Salzstangen, das je nach Art der Teilnehmer mehr einer Beerdigungsnachfeier oder mehr einer Geburtstagsparty ähnelt. Immer aber mit einem gemeinsamen Gebet endet.

→ Pastoren, die den munteren Hauskreis nicht als Konkurrenz ihrer müden »Bibelstunde« empfinden, loben ihn gewöhnlich als »geistliche Zelle« der → Gemeinde. Dabei sind die Wohnzimmer gar nicht mehr so klein.

Schnelle Zellteilung und rasantes Wachstum dieser Hauskreis-»Zellen« heißt → Erweckung. Nicht etwa: Gen-Manipulation.

Heil

a) Alles, was Gott will.

b) Inflationär gebrauchte Vorsilbe. So z.B. in Heil-bronn, Heil-butt, Heil-fasten oder Heil-sarmee.

heilig

a) Wörtlich: allein zugehörig. Einzigartig, ausschließlich, vor Zweckentfremdung geschützt.

b) Als h. wird im Neuen Testament erstaunlicherweise jeder Christ bezeichnet, der sich ganz Gott »zugehörig« gemacht hat durch Umkehr und → Taufe.

c) Irrtümlich umgangssprachlich für »sündlos« oder »weltfremd«.

Heilung

Ende eines physischen oder psychischen Leidens. Befreiung aus Zwängen, Ängsten, schmerzhaften Lebensumständen. Wird oft auf Plakaten → charismatischer Veranstaltungen versprochen und dann erst in Operationssälen von Krankenhäusern gehalten. Tritt manchmal von selbst ein, manchmal nach Handauflegung und Gebet der → Ältesten einer → Gemeinde (Jakobus 5,14), nie als spendenträchtiges Spektakel vor laufenden Kameras.

Heimgang

Sterben. Tod. »Ins jenseitige Heim gehen.« Vorsicht: Beim Verabschieden von Freunden spät abends vor der Tür immer »Auf Wiedersehen und einen guten Heimweg!« sagen. Nie »Heimgang«. Auch wenn die Gäste zu Fuß gehen. (Ein »guter Abgang« ist wieder was anderes. Der Geschmack eines Weines nach dem Schlucken nämlich.)

Herde

In Anlehnung an die Bezeichnung Jesu als des guten Hirten: die Mitglieder einer → Gemeinde. Mit einer Schafh. haben sie gemeinsam, dass sie immer wieder von den Hütehunden (→ Ältesten) in die Beine gezwickt werden müssen, um vorwärts zu kommen.

hernach

Siehe → dermaleinst.

MIST! FERNSEHER KAPUTT!
ICH RUF SCHNELL BEIM CHRISTLICHEN FERNSEHER-REPARATURDIENST AN.
OH, HERR! HEILE DIESEN APPARAT!
THEES

Herzflattern

Das, was der → Pastor bekommt, wenn er oben auf der → Kanzel feststellt, dass sein Manuskript zu Hause liegt. Und auf sein strahlendes Lächeln nur verhaltenes Kichern zurückkommt. Weil er zum Frühstück Kräuterquark gegessen hat.

Himmel

Mickriger menschlicher Begriff für eine grandiose göttliche Welt.

hinnen, von

Auf und davon. Weg. Verschwunden. Weiß man, wohin jemand »von hinnen« verschwunden ist, sagt man »von hinnen nach dannen«.

Hoffnung

a) Grundhaltung eines → Christen hinsichtlich aller gegenwärtigen und kommenden Situationen.
b) Das, was bei Hörern aufkeimt, wenn der Prediger sagt: »Und schließlich ...«

Hölle

a) Zwei Stunden im Wartezimmer eines Arztes, während dauernd andere Patienten eher drankommen und daheim ein wichtiger Termin platzt.
b) Zwei Stunden im Stau auf flachem Land ohne Bepflanzung, während beinahe ein wichtiges inneres Körperorgan platzt.
c) Die Konsequenzen der Fehlentscheidungen mehrerer Generationen im eigenen Leben ausbaden müssen. Im Diesseits.
d) Die Konsequenz von Gottesferne. Im Jenseits.

Hokuspokus

Umgangssprachlich: undurchschaubarer magischer Zauber, Firlefanz, Scharlatanerie, Täuschung. Sprachgeschichtlich: die Kurzform des lateinischen Satzes »Hoc est corpus meus«, zu Deutsch »Dies ist mein Leib«. Aus der Abendmahlsliturgie. Nach katholischer Auffassung der Moment, wenn sich Brot und Wein in Fleisch und Blut Jesu Christi wandeln. Insofern ein frustrierendes Indiz dafür, wie wenig manche Gottesdienstbesucher von dem verstehen, was im Altarraum getan und gesagt wird ...

Hundertvierundvierzigtausend

a) 12 000 besonders Auserwählte aus jedem der 12 Stämme Israels in einer Vision des Johannes, notiert in Offenbarung 7 und 14.
b) Nach Auffassung der Zeugen Jehovas die einzigen, die überhaupt in den Himmel kommen.
c) Wenn Gotthilf Fischer einen Chor für »Pro Christ« zusammenstellen dürfte.

Hut

Im Kino einen zu tragen ist äußerst unhöflich, da er den Hinterbänklern die Sicht nimmt. In der Kirche einen zu tragen ist äußerst solidarisch, da er die Hinterbänkler vor dem Blick des Predigers schützt.

I

immerdar

Immer. Man beachte das »r« am Schluss. Was den Begriff von einer Aussage über die Verfügbarkeit des → Pastors unterscheidet. Der ist nämlich keineswegs »immer da«. Sondern sitzt wahrscheinlich wieder in einer Konferenz.

in, nicht von

»In der Welt, nicht von der Welt zu sein«, umschreibt die auch für friedensbewegte Christen bestehende Notwendigkeit, Steuern für Rüstungsausgaben zahlen zu müssen (»in der Welt sein«), dies aber eigentlich nicht zu wollen (»nicht von der Welt sein«).

Inkarnation

Das, was in Johannes 1, ab Vers 1 steht. Und in Philipper 2, ab Vers 5. Kein Form-Fehler Gottes.

inniglich

Stark, intensiv, ernsthaft, tiefempfunden. Wird positiv bewertet, wenn das innigliche Erleben innen bleibt. Wird negativ bewertet, sollte es je gefühlsmäßig nach außen dringen. Das heißt dann → charismatisch.

Inquisition

Wörtlich: Befragung. Die Art, wie manche katholischen Oberen im Mittelalter ihre Gläubigen nach dem rechten Glauben befragten, brachte den Befragten meist Verkrüppelung, lebenslanges Siechtum, Wahnsinn oder den Verbrennungstod ein. Heute, nach Anerkennung allgemeiner Menschenrechte, fragt die dafür zuständige »Glaubenskongregation« in Rom nicht mehr, sondern antwortet gleich. Mit Verlautbarungen, wer besser leiser Laut geben soll. Oder gar nicht mehr. Rigoros und ratzeputz. Der Vorsitzende der modernen I. ist ein Bayer und heißt Ratzinger.

Inspiration

a) Das, was ein Künstler im Kopf hat, bevor seine Hände ans Werk gehen. Kunstwerke entstehen aus 10% I. und 90% Transpiration.
b) Das, was die Autoren der Bibel im Kopf und im Herzen hatten, bevor ihre Hände ans (Schreib-)Werk gingen. Das Prozentverhältnis dürfte hier umgekehrt gewesen sein.
c) Wird die I. mit der Vorsilbe »Verbal-« gebraucht, handelt es sich um eine Beleidigung der biblischen Autoren. Als hätten die nicht selber klug denken und gut schreiben können. Und dürfen.

Introitus

a) Nicht das, was Sie wieder denken!
b) Eingangs-Musikstück zu Beginn einer Feier. Musikalische Eröffnung z.B. eines Gottesdienstes. Praeludium, wörtlich »Vorspiel«. Na ja.

irden

Wird meist im Zusammenhang mit »Gefäß« gebraucht. Und beschreibt die → Inkarnation, dass Gott seine himmlische Welt verließ, um in menschlichen Herzen Wohnung zu nehmen. Sich in Wohnungsnot begab. Und seinen Heiligen Geist in unsere »irdenen« Köpfe und Herzen ausgoss. Sein Wort von Menschenwörtern weitersagen lässt. Kurz: auf der Erde vorfindliche → Gnade.

irgendwie

Lieblingswort von Jugendleitern, → Diakonen und → Pastoren mit einer sozialpädagogischen oder psychotherapeutischen Zusatzausbildung. Beschreibt irgendwie Entwicklungsschritte der menschlichen Reifung, Zielvorgaben der Seelsorge oder Eckpunkte des → geistlichen Wachstums. Wird gern in der verlängerten Version »irgendwie mit ein Stück weit« gebraucht.

Israel

a) Wörtlich »Gottesstreiter«. Neuer Name für Jakob nach einem Ringkampf. Siehe → Berufung. Oder 1. Mose 32, Vers 29.
b) Staat im Nahen Osten.
c) »Zeiger an der Weltuhr«, sagen manche → Evangelisten. Obwohl die Weltuhr in Braunschweig steht.
d) Reizwort und Dauerstreitfall in christlichen Gruppenstunden. Jesus war Jude. Paulus war Jude; die Zehn Gebote, die Psalmen, die Propheten, das ganze Alte Testament stammen aus dem Judentum; das Alte Testament war die verbindliche Bibel der ersten Christen – für all das wollen Christen nicht undankbar sein. Andererseits wird eine naive I.-Verehrung mancher → Evangelikalen von den Israelis gar nicht erwidert. Und manchmal treten auch noch unterdrückte Christen aus Palästina, dem Libanon und Syrien ins schöne Erinnerungsfoto ...

J

Jabbok

Siehe → Pniel.

Jahwe

a) Antwort eines Kleinkindes auf die Frage »Tut's weh?«
b) Hebräisch für »Gott«. Wurde im alten Israel aber aus Ehrfurcht nicht ausgesprochen. Wollen Pastoren ihrer Gemeinde diskret mitteilen, dass sie auch Hebräisch können, sagen sie es mit holländischem Rachen-ch: »Jachwe«. Und schreiben es sogar ohne »a« und »e«. Weil es im Hebräischen eigentlich nur Konsonanten gibt: JHWH. Das – und da hatten die ehrfürchtigen Juden schon recht – kann man nicht aussprechen.

Jammertal

Vor allem in Brüdergemeinden gebräuchliche Beschreibung für »Welt«, »Diesseits«, »Hier«. Muss heißen: Wuppertal.

jauchzen

Frommdeutsches Wort für »jubeln«, »vor Glück schreien«. Merke: Nie wirklich j., nur davon reden!

Jesus

Selbstporträt Gottes.

NEULICH IM JUBEL-UNTERRICHT:
NOCH SO EIN VERJUBLER UND SIE FLIEGEN!
HA-LLE-LU-JA
HO-SI-AN-NA
THEES

Joch

a) Passstraße in den Alpen. Zum Beispiel Stilfser Joch. Macht dem Motor viel Arbeit.
b) Verbindungsbalken zwischen zwei Ochsen vor einem Pflug oder Wagen. Machte früher dem Bauern viel Arbeit.
c) Wird von Jesus in Matthäus 11, Verse 29-30 empfohlen, weil die »Belastung«, seine Gebote zu halten, vergleichsweise »sanft« ist und allen viel Ärger und Arbeit erspart.

Jubel

Das, was im Lobpreis am Sonntagmorgen erwünscht ist, aber bereits beim Bundesligaspiel im Stadion am Samstagnachmittag stattgefunden hat.

Jugendgottesdienst

Eine an vielen Abenden und mit sehr vielen Telefonaten geplante Abfolge von Liedern, Worten und fragenden Blicken, die immer anders verläuft als geplant. Einen J. erkennt man daran, dass eine Band auch in widerhallenden Kathedralen mit Schlagzeug spielt, der Pastor Jeans trägt und irgendwas Kritisches gesagt wird.

Jüngerschaft

Im modernen Frommdeutsch beliebtes Wort anstelle von »Christsein«. Hört sich irgendwie dynamischer an, oder? Jünger, schafft!

K

Kaffee

Der wichtigste Programmpunkt einer christlichen Veranstaltung. Hat geradezu sakramentale Bedeutung (siehe → Sakrament) für

a) junge Erwachsene nach dem → Gottesdienst,
b) Senioren beim → Adventstreffen,
c) → Pastoren auf einer Konferenz.

Um sensible Gewissen von der theologischen Richtigkeit des Kaffees zu überzeugen, wird meist fair gehandelter Kaffee aus Dritte-Welt-Ländern ausgeschenkt oder pro Tasse ein Benefiz-Cent für die → Mission erhoben.

Kanon

a) Der Umfang der Bibel. Der endgültige Inhalt des Alten und Neuen Testaments von 1. Mose bis Offenbarung. Insgesamt 66 Bücher und Briefe für evangelische und 72 Bücher und Briefe für katholische Leser. Die zählen nämlich noch sechs sog. »Apokryphen« zum Alten Testament dazu. Theologiestudenten interessieren sich in den ersten zwei Jahren meist brennend dafür, welche Bücher und Schriften *nicht* in den K. aufgenommen wurden. Also von den → Bischöfen der frühen Gemeinden als »unter aller Kanone« empfunden wurden. Die »Clemens-Briefe«, der »Hirt des Hermas« usw. Theologisch interessierte Gemeinde-Mitarbeiter interessieren sich dafür, wer warum innerhalb des gültigen Kanons Rangunterschiede macht. Also das Buch Esther nicht ganz so toll findet wie den Römerbrief zum Beispiel. Der hat nämlich »einen K. im K.«. Das hört sich an wie »einen Sprung in der Schüssel«, ist aber nicht dasselbe ...

b) Ein Lied, bei dem es nichts ausmacht, wenn einige Sänger zu spät anfangen. Klingt zuerst wie ein Echo, dann wie eine Spieluhr und wird vom Dirigenten mit einer Bewegung beendet, die sonst nur Polizisten auf der Kreuzung machen (siehe → abwinken). Allerdings ohne Trillerpfeife.

Kanzel

a) In Freikirchen und modernen landeskirchlichen Gemeindehäusern ein anderes Wort für »Rednerpult«.
b) In traditionellen großen Kirchengebäuden ein in 3 Meter Höhe an eine Säule geheftetes Möbelstück mit Treppchen, Gartentörchen, Leselämpchen und Dächlein. Ist dieser sog. »Kanzeldeckel« nach oben oval erhöht, kommen sich Pfarrer darin vor wie das Küken in einem aufgeschlagenen Ei. Gottesdienstbesucher ohne Respekt sprechen bisweilen auch vom »Schwalbennest« oder »Redebalkon«.

Der Name kommt vom lateinischen cancelli, zu Deutsch: »die Schranken«.

Wird man von der Kanzel aus in die Schranken verwiesen, darf man sich als »abgekanzelt« betrachten. Vielleicht haben deshalb so viele ihren Gottesdienstbesuch »ge-cancelt«, was wiederum ein neudeutsch-englisches Kauderwelsch der Reisebüros ist und gekündigt bzw. gestrichen bedeutet.

Kapelle

a) Unterhaltungsband im Bierzelt. Im Sinne von »Bubn, Ihr seid's a Mordskapelle«.
b) Kleiner überdachter Altarraum mit schmiedeeisernem Gartentörchen draußen, Kerzen und Kniebank innen, der vor allem in Oberbayern und Österreich alten Spaziergängern und jungen Liebespaaren eine Bank zum Ruhen bietet.
c) Baptistisch für »Kirchenraum« bzw. »Gemeindehaus«. Meist nicht größer als eine Seitenkapelle großer Kathedralen.

Kathedrale

Teuerstes Fotomodell der Welt. Zu groß geratener Kirchenbau aus einer Zeit, als Arbeitskräfte und Baumaterial noch billig waren. Heute eine willkommene Arbeitsbeschaffungs-Maßnahme (ABM) für Restauratoren und auftragsarme Malerfirmen. Aber auch ein lästiger Kostenfaktor für die Kirchensteuerkasse: Denkmalschutz und Touristik drängen auf Renovierung, die Kirchenleitung träumt heimlich vom Abriss. Beides wäre aber etwa gleich kostspielig.

Bei Gottesdienstbesuchern stellen sich allerdings angesichts des riesigen Innenraums einer K. meist die Gefühle »Ehrfurcht« und → »Demut« ein. Diese Empfindungen erzeugen freikirchliche Pastoren bei ihren Predigthörern auch dann, wenn der Gottesdienst in einem Vereinslokal oder einem erweiterten Wohnzimmer mit

Gummibaum stattfindet. Indem sie »ex cathedra« predigen: mit Pathos, Tremolo im Bariton und unbedingtem Autoritätsanspruch nämlich.

Kirchennamen

In Deutschland heißen evangelische Kirchen recht einfallslos immer nach den vier Evangelisten und ein paar Briefschreibern: Matthäus-, Markus-, Lukas-, Johannes-, Petrus-, Paulus- oder Jakobus-Kirche. Eine »Philemon-Kirche Stadtmitte« oder eine »Titus-Gemeinde Würzburg Nord« wären schon die Ausnahme. Da Protestanten offiziell keine Heiligen haben, inoffiziell aber ihre großen Vorbilder hochhalten, benennen sie als Kompromiss gern ihre Gemeindehäuser nach historischen Größen: Luther-, Melanchthon-, Paul-Gerhardt- und Dietrich-Bonhoeffer-Gemeindehäuser gibt es wie Sand am Meer.

Auf katholischer Seite ist die Namensauswahl reichhaltiger, hier kommen prinzipiell alle Heiligen in Frage. Aloysius, Johann Nepomuk und Petrus Canisius werden allerdings auch etwas seltener verwendet als Franz von Assisi oder Benedikt von Nursia. Solche Namen lassen sich auch noch verlängern: »St. Theresa zu unseren lieben Frauen« oder »Herz-Jesu-Kirche der unbefleckten Empfängnis« klingt schön, ist aber etwas umständlich, wenn man Wegbeschreibungen per Telefon durchsagen muss.

Freikirchen fällt zur Bezeichnung ihres Treffpunkts selten mehr ein als die Adresse: »Freie evangelische Gemeinde, Bahnhofstraße 26.« Gibt es eine aktive Zusammenarbeit der Freikirchen am Ort, fällt die Nennung der Konfession und des Kirchenraums ganz weg. Man erwähnt nur noch die Adresse. Und sei sie noch so nichtssagend: »Dienstags trifft sich der Chor in der Mühlenstraße 14. Mittwochs die Bibelstunde am Marktplatz 3.« Der Grund für solche Bescheidenheit: eine traditionelle Scheu vor Personenkult. So kommen z.B. die Baptisten über ein paar »Martin Luther King«- und »Johann Gerhard Oncken«-Gebäude nicht hinaus.

Kirchhof

Älterer Begriff für Friedhof. Als Friedhöfe noch nicht kommunaler, sondern kirchlicher Verwaltung unterstanden und Beerdigungen deshalb auch länger dauern durften als 20 Minuten, bestattete man die Toten rund um die Kirche. Gottesdienstbesucher waren dadurch bei ihrer Ankunft im Gottesdienstraum bereits an mehreren Verstorbenen vorbeigegangen und somit in die gewünschte Trauerstimmung versetzt. Diese Funktion der »Eintrübung durch Anmarsch-Ambiente« übernimmt heutzutage die Parkplatzsuche. Der moderne Gottesdienstbesucher kommt nunmehr nicht nachdenklich in der Kirche an (im Sinne von »Bedenket, dass wir sterben müssen«), sondern ärgerlich oder sorgenvoll (im Sinne von »Bedenket, dass wir wahrscheinlich zahlen müssen«).

Kirchspiel

a) Wenn kleine Kinder im Alltag nachspielen, was sie am Sonntag im Gottesdienst erlebt haben. Witziges Rollenspiel.
b) Wenn Erwachsene am Sonntag im Gottesdienst einander vorspielen, was sie angeblich im Alltag mit Gott erlebt haben. Irrwitziges Rollenspiel.
c) Verwaltungsbezirk, Zuständigkeitsregion. Eine nur in den Köpfen von Pfarrern oder Oberkirchenräten existierende Fläche, die die Zugehörigkeit der darin Wohnenden zu der einen oder anderen Gemeinde bestimmen soll. Weil Gemeindezugehörigkeit aber kein Spiel, sondern Ernst ist, halten sich die im K. Wohnenden fast nie daran.

Koinonia

Im Neuen Testament häufig verwendetes griechisches Wort für »Gemeinschaft« (siehe → Kaffee).

Kollekte

Einzigartige, nur in der Kirche anzutreffende Form der Sozialfürsorge: Während des Gottesdienstes wird ein Säckchen Geld herumgereicht, und jeder darf sich was herausnehmen!

Damit aber die Menschenwürde und die Selbstachtung der Beschenkten gewahrt bleibt – das Problem aller Spendenaktionen! –, muss der bedürftige Empfänger a) selbst etwas investieren und b) sehr geschickt und blitzschnell sein:

Kommt der samtrote, wahlweise auch schwarze Beutel zu ihm, wirft er, für den Nachbarn sichtbar, 50 Cent hinein und nimmt sich, für die Nachbarn unsichtbar, einen Geldschein heraus. Diesen versteckt er in der noch zum Wurf gewölbten, geschlossenen Hand. Damit auch weniger fingerfertige Verarmte in den Genuss der ihnen zugedachten K. kommen, kann der Kollektor den schwächeren alten Leuten, die meist etwas langsam reagieren, den Zugriff erleichtern: durch langes Hinhalten des Klingelbeutels. Als zusätzliche Ablenkung werden während der K. meist laute Danklieder gesungen. Daher auch die Bezeichnung → Dankopfer. Einzig der Mann am Ende der Stange weiß genau, was hier gespielt wird. Beobachten Sie ihn mal: Mit einer Mischung aus vornehmer Diskretion und freundlichem Lächeln dirigiert er das Spiel wie ein alter Croupier am Roulettetisch.

Völlig lieblos und für Bedürftige geradezu demütigend ist die freikirchliche Praxis, flache, offene Körbe durch die Reihen zu geben. Das lässt selbst dem Geschicktesten keine Chance, etwas herauszunehmen.

Konversion

a) Falsche Schreibweise von »Konversation«. Plauderei, Gespräch.
b) Falsche Schreibweise von »Konfession«. Beiläufiges Bekenntnis während einer Konversation.

c) Übertritt von einer Konfession zur anderen. Der Konvertit, der Übertrittswillige also, konvertiert zu einer für ihn neuen Glaubensgemeinschaft. Aus der »Welt« in eine Baptisten-Gemeinde, das ist eine »Immersion« (Untertauchen im Taufwasser). Von der evangelisch-lutherischen Kirche zur Freien evangelischen Gemeinde, das ist eine Assoziation (Aufnahme durch Zeugnis). Von der Brüdergemeinde in die evangelisch-lutherische Kirche, das ist eine Säkularisation. Von der Freien evangelischen Gemeinde zur Pfingstgemeinde nennt man es Skandalon und von der katholischen Kirche zu den Baptisten gibt es eine Ex-Kommunikation. Immer aber ist die K. eine Sensation.

Kult

a) Plattdeutsch für »kalt«.
b) Alles, was irgendwie eine religiöse Handlung sein könnte. Meist nennen Außenstehende den christlichen Gottesdienst K. im Sinne von a).
   Religionswissenschaftliche Bücher, die sich möglichst distanziert und objektiv geben (d.h. der Autor tut so, als wüsste er nicht den Unterschied zwischen einer Beerdigung im Urwald von Borneo und einer Messe im Kölner Dom), nennen alles erst mal K. Feinsinnig auch »christlicher Kultus«. Damit ist alles von der Eucharistie bis zur Konfirmandenstunde gemeint.
c) Werden irgendwelche Waldgeister, Berg-Dämonen, Isis und Osiris, Wotan oder Fantasienamen aus der Mythologie angebetet und herbeigerufen, handelt es sich um einen »heidnischen K.« oder auch »Oh-Kult«.
d) Beliebte oder belachte, exzentrische oder exotische, außergewöhnliche oder außergewöhnlich blöde Schauspieler, Musiker, Moden und Gegenstände können für kurze Zeit »irgendwie kult« sein.

Kultfilm

a) Zum Beispiel »Casablanca« mit Ingrid Bergman und Humphrey Bogart.
b) Gottesdienstübertragung im Fernsehen.

L

Labsal

Laut Duden *das* L. In Österreich, Süddeutschland und im Frommdeutschen allerdings *die* L. Gemeint ist: Wohltat, Genuss. Wird im Frommdeutschen allerdings grundsätzlich seelisch verstanden (»Dieses Wort war L. für meine Seele«). Wird bitte niemals körperlich verstanden (»Meine Frau ist L. für meinen Körper ...«).

Laie

Wegen der → apostolischen Sukzession unterscheidet vor allem die katholische Kirche zwischen Priestern und L.n. Die evangelische Kirche eigentlich auch, aber sie sagt's nicht so krass. Es geht bei dieser Unterscheidung nicht darum, wer predigen *kann*. Sondern wer es *darf*. Bei den Freikirchen *darf* im Prinzip jeder, auch wenn er es nicht kann.

Leib

a) Neutestamentlich der fest mit Seele und Geist verbundene, zum Menschsein gehörige, von Gott geschaffene und wertgeschätzte biologische Organismus.
b) Frommdeutsch jedoch das oft scharf von Seele und Geist getrennte, wahres Christsein behindernde »Fleisch«. Die vorübergehende »sterbliche Hülle«.

Lektor

a) Vorleser einzelner Textpassagen aus der Bibel während des Gottesdienstes. Manchmal lockerer als der → Pfarrer, aber steifer als ein Moderator. Nicht verwandt mit dem Kollektor, der die → Kollekte einsammelt.
b) Angestellter im Oncken Verlag, den jetzt das ungute Gefühl beschleicht, bei der Auftragsvergabe für dieses Buch einen schweren Fehler begangen zu haben.

Leviten lesen

Wenn der → Lektor oder der Prediger aus dem Buch Leviticus vorliest. Da steht drin, was man nicht darf. Oder was man früher nicht durfte. Das Problem: die Anwendung heute. Glaubt der Prediger, man dürfte auch heute nicht, was man früher nicht durfte, hält er eine »Gardinenpredigt«.

Liebe

Das, woraus Gott ist.
Und die Menschen gemacht sind.
Und wovon wir nie genug haben.

Liturgie

Programmfolge eines Gottesdienstes, bei deren einzelnen Punkten gemeinsam gesungen, laut oder leise gebetet, gesprochen, gekniet oder gestanden wird. Gibt Gästen oder Neulingen das Gefühl völliger Ahnungslosigkeit, weil sie immer zu spät mitmachen und nie wissen, was als Nächstes kommt. Der Witz: Manchmal weiß es der Pfarrer auch nicht. Dann hilft ein Blick in den Rückspiegel des Kantors oben auf der Orgelbank und schon intoniert der »Herr, erbarme dich«.

HE DA!
WIE LAUTET
DIE LOSUNG?
MOMENT, WAR
DAS NICHT ERSTER
KORIN... NEE, GALATER...
ÄH... MAL SEHEN...
...MOSE?...
THEES

Losung

a) Kot von Wildtieren. Findet man morgens im Wald.
b) Kleines Büchlein mit Bibelversen aus dem Neuen und Alten Testament, dem Christen einen Merk- oder Denk-Satz für den Tag entnehmen. Findet man morgens auf Nachttischen und neben dem Frühstücksgedeck. 1731 brachte der Missionar Nikolaus Graf von Zinzendorf für die Mitglieder seiner Herrnhuter Brüdergemeine (das fehlende »d« ist kein Satzfehler, die nennen sich so!) erstmalig solche »L.en« für jeden Tag heraus. In 38 Sprachen übersetzt, mit einer Auflage von über 2 Millionen und einer ununterbrochenen Erscheinungsweise seit über 270 Jahren sind die Herrnhuter »L.en« ein sensationeller Bestseller der Literaturgeschichte. Langfristig vorher »ausgeloste« Bibelverse für jeden Tag bringen oft erstaunliche Bezüge zutage: Am 2. Juli 1990, als in den neuen Bundesländern die DM eingeführt wurde, hieß die L. aus 1. Samuel 2, Vers 7: »Der Herr macht arm und macht reich.«

Luft, heiße

a) Das, was in manchen alten Kirchen vorne aus dem Bodengebläse hochströmt.
b) Das, was in manchen Kirchen von der → Kanzel oder dem Rednerpult herunterströmt.

Lust

Salzwasser für einen Durstigen.

M

mancherlei

Muss heißen: Mandschurei. Landschaft in China. Frommdeutsch für viel, unterschiedlich usw.

Männer

In der Kirche sitzen mehrheitlich Frauen. Im Knast mehrheitlich Männer. Woran das wohl liegt?

Meditation

a) Vorbereitetes, gefülltes, ganz auf Gott konzentriertes Schweigen. Siehe → Gebet.
b) Wenn der → Pastor den Faden verloren hat und der Chor kein Lied mehr weiß, empfiehlt sich eine »Zeit der M., über das Gehörte nachzudenken«, und alle schauen fünf Minuten schweigend zu Boden.

mehr

Zentralbegriff → charismatischer Frömmigkeit. Gott will mehr geben, wir wollen mehr nehmen, es gibt überhaupt von allem mehr zu erleben – das Problem ist nur, wie auch schon bei irdischen Gaben, die Verteilung und sinnvolle Anwendung.

Mensch, innerer

Wahlweise auch als »inwendiger Mensch« oder »geistliches Wesen« bezeichnet. Frommdeutsch für Seele. Also nichts, worum sich der Internist kümmert.

Mission

a) Allgemein für »Aufgabe«, »Vorhaben«. Wenn im Fernsehen ein Mann mit Koffer, Hut und hochgeschlagenem Mantelkragen ein Privatflugzeug besteigt, heißt der Film wahrscheinlich »In geheimer Mission«.
b) Irrtümlich für »konfessionelle Mitgliederwerbung« gebraucht. Wenn im christlichen Buch ein Mann mit Bibel, Tropenhelm und hochgekrempelten Ärmeln eine Buschkanzel besteigt, dann heißt das Buch wahrscheinlich »In göttlicher Mission«.
c) Christlich für »alles, was Menschen zu → Christen macht und ihnen zu einem menschenwürdigen Leben verhilft«. Wenn in der Realität qualifizierte Berufstätige mit Bibel, OP-Besteck und Medikamenten, Baufahrzeugen und Saatgut, Schulbüchern und Geld eine Infrastruktur aufbauen und die einheimischen Gemeinden fördern, tun sie das auf Grund des so genannten »M.sbefehls« → Jesu aus Matthäus 28, Vers 19 und Lukas 4, Verse 18-19 bzw. Matthäus 25, Verse 35-36.

Moderator

a) Der krankhafte Versuch, Thomas Gottschalk im Talar zu sein. Siehe → Jugendgottesdienst.
b) Sprechendes Programmheft. (»Wir hören den Chor«; »Wir singen gemeinsam«; »Zum Schluss ein Wort des Dankes ...«) Siehe → Lektor!
c) Gottes freundlicher Gastgeber. Führt und verbindet, verstärkt oder dämpft, greift auf und zitiert, erinnert oder bereitet vor, was ohne ihn nur halb so eindrücklich über die Bühne gehen würde.

BRUDER IM HERRN, WEIL WIR NICHT WISSEN, OB DU LEBEND VOM MISSIONS-FELD ZURÜCKKEHRST, GEBEN WIR DIR DEIN GEPÄCK HIER IN DIESEM SARG MIT.
UND WOZU NEHM ICH DIE URNE?
HANDGEPÄCK
THEES

Morgenlob

Siehe → Stille Zeit.

murren

Frommdeutsch für meckern, nörgeln, nerven. Siehe → Rotte Korah.

mystisch

Rätselhaft, geheimnisvoll, rationalem Denken nicht zugänglich. Also die Nebel von Avalon, der Herr der Ringe, Harry Potter und die Formulare des Finanzamts.

a) Frommdeutsch: Die Umschreibung einer Frömmigkeit, die sich in kalten Klöstern, alten Texten und gregorianischen Gesängen ausdrückt und lieber schweigt als redet. Was ja bisweilen ganz richtig ist.

b) Für Christen mit Kölner Dialekt ist m. der Beginn eines Satzes guter Vorsätze. Im Sinne von: »Müsst' isch eigentlisch mal machen ...«

N

Nahrung, geistliche

Außer Brötchen, → Kaffee und Ei zählt der → Christ auch Bibellesen und Gespräche über christliche Themen zur Nahrung. Vor allem morgens. Predigten, Bibelstunden und Lektüre frommdeutscher Bücher sind darüber hinaus zur Ernährung des → inneren Menschen notwendig. Merke: Auch hier nie übers Essen meckern!

narrativ

a) Vom lateinischen »narrare«, d.h. »erzählen« abgeleiteter Begriff für Predigten, in denen der → Pastor erzählt. Einfach mal erzählt. Aus der Bibel, aus Grimms Märchen oder aus dem Nähkästchen.
b) Predigtweise am Sonntag vor Rosenmontag.

neulich

Erstes Wort bei 80% aller Morgenandachten im Rundfunk. »Neulich traf ich ...«, »Neulich hörte ich ...«, »Neulich fuhr ich in der Straßenbahn, da ...« Meist folgt irgendwann ein Bibel-Vers, so richtig mitten aus dem Leben gegriffen. Von neulich eben.

Nicänum

Glaubensbekenntnis des ersten gesamtkirchlichen Konzils nach der Anerkennung des Christentums als Staatsreligion durch Kaiser Konstantin im warmen Sommer des Jahres 325 in der Nähe des heutigen Istanbul. Der bei allen theologischen Debatten etwas penetrant anwesende römische Kaiser brachte die gedanklichen Probleme um die Dreieinigkeit Gottes auf den kurzen Nenner, Gott, Jesus Christus und der Heilige Geist seien »wesenseins«. Das zu erklären, überließen er und das Konzil von Nicäa für die folgenden Jahrhunderte den Theologen, die sich daran die Zähne ausbeißen durften. Daher »Nie-Zähn'-um«.

Siehe auch → Dreifaltigkeit.

O

O!

Ausdruck tiefer innerer Bewegtheit. Erstes Wort von 29 Liedern aus dem freikirchlichen Gesangbuch. War im frühen 19. Jahrhundert sehr echt. Wirkt im frühen 21. Jahrhundert echt wie im 19. Jahrhundert.

Obadja

21 Verse im Alten Testament. Es kann Minuten dauern, bis man sie findet. Es kann Jahrzehnte dauern, bis man mal eine Predigt über sie hört.

ob ich schon

Aus Psalm 23 entlehnte frommdeutsche Formulierung (»ob ich schon wanderte im finstern Tal«), bei der das »ob« keine Frage einleitet (»ob ich schon wandern soll?«), sondern eine Antwort (»ob(wohl) ich schon wanderte«). Sollte nie mit einem prahlerischen »und ob!« verbunden werden.

Offene Brüder

Geschlossene Gesellschaft.

Offertorium

Einladung zum Abendmahl, zur Eucharistie. Eine Offerte, die nicht unter »Stellenangebote« in der Zeitung steht, sondern unter »kirchliche Bekanntmachungen«.

oral

Lateinisch für: mündlich. Eigentlich fehlt hier ein »h«, dann heißt es »stündlich«. Das Gegenteil ist aber nicht »schriftlich« oder »täglich«, sondern »rektal«. Behaupten jedenfalls Ärzte und Krankenschwestern.

Ordination

Evangelisches Wort für »Weihe«, »Approbation«, »Dienstberechtigung«. Der → Pastor wird unter Handauflegung zum Pastor ordiniert, und dann wird ordentlich diniert.

Ostinato

Kirchenmusikalisches Wort für »zigmal wiederholen bitte«. Insofern ist jeder Anbetungs-Chorus eigentlich ein O., heißt aber – weil er aus Kalifornien kommt – Westinato.

P

Papst

a) (Fast) höchste Autorität für (fast alle) katholischen Christen.
b) Tourist mit eigenartigem Geschmack. Küsst gerne fremdländische Betonpisten, obwohl er zu Hause in Rom polnischen Borschtsch bevorzugt. Sprachgenie. Kann »Urbi et orbi« in mehr als 150 Sprachen sagen. (Siehe auch → Glossolalie.)

Parabel

a) Geometrische Form. Muss richtig ausgerechnet und dann angewendet werden.
b) Irdische Geschichte mit himmlischer Bedeutung. Muss richtig ausgelegt und dann ausgelebt werden.

Parkplatzsuche

a) Prüfstein christlicher Ethik.
b) Restposten katholischer Theologie des Mittelalters bei modernen evangelischen Autofahrern: Die Gewissheit, ruhig schuldig werden zu dürfen, wenn ich dafür mit Geld bezahlen kann. Früher als »Ablasshandel« bekannt.
c) Seelische Vorbereitung auf den Gottesdienst. Siehe → Kirchhof.
d) Hauptsorge aller Gäste einer Trauung.

Parusieverzögerung

Gebildet klingender Fachbegriff für die Frage: »Warum ist Jesus im Laufe von 2000 Jahren noch nicht wiedergekommen, wenn in Offenbarung 3 Vers 11 steht: ›Siehe, ich komme bald!‹?« Drängendes Problem in vielen frühchristlichen → Gemeinden (2. Petrus 3,9; Hebräer 10,37). Heute allerdings ist diese Frage der Broterwerb vieler spätchristlicher Autoren, die anhand von politischen Veränderungen und Naturkatastrophen beweisen wollen, dass er nun aber wirklich bald kommen wird (siehe → Endzeit).

Passa

a) Jüdisches Fest des Aufbruchs aus der Sklaverei. Beginn des Exodus aus Ägypten (2. Mose 12,1ff).
b) Unvollständige Schreibweise für »Pastorenauto«. Muss heißen: Passat. Beobachten Sie mal eine Pastorenfamilie mit vier Kindern beim Beladen ihres Passats. Vor einer Urlaubsreise z.B.! Sie denken sofort an den »Auszug aus der Sklaverei«, den »Exodus«.

Pastor

a) Eierlegende Wollmilchsau. Wunder an genetischer Effektivität und Ausnutzbarkeit. Muss nicht alles können, aber alles machen. Und alles sein. Ehrfurcht gebietend wie der → Papst und volksnah wie Karl Moik. Kraftvoll-dynamisch wie Boris Becker, aber etwas besser im Reden. Das Berufsbild reicht vom Manager bis zum Meditationsmönch, vom Lokalpolitiker bis zum Psychoklempner. Dass der P. auch Mensch ist, hat einer breiten Öffentlichkeit nicht die Kirche, sondern der Süddeutsche Rundfunk klargemacht: mit der Erfolgsfernsehserie »Oh Gott, Herr Pfarrer« (1988/89).
b) Wörtlich: Hirte. Klingt ähnlich wie das englische Wort für Weide: Pasture. Daher Psalm 23: »Er führet mich zu grünen Pastoren.« Siehe → Vikar.

Pfarrer

Amtsbezeichnung mancher → Pastoren.

platonische Liebe

Einzige Form glühender Verehrung zwischen Mann und Frau, die in → evangelikalen Kreisen nicht beargwöhnt wird. Weil keine körperlichen Berührungen vorgesehen sind. Je nach Grad des Glühens muss es heißen: plutonische Liebe.

Pneumatologie

Lehre vom Heiligen Geist. Unter feministischen Theologinnen beschränkt sich die P. auf den Hinweis, dass »Ruach«, hebräisch für »Geist«, mit weiblichem Artikel dekliniert wird, der Heilige Geist also eine Frau sei.

Die P. pfingstlich-charismatischer Theologen beschränkt sich auf mehrere tausend Hinweise aus etwa 2 Metern Bücherregal voll Abenteuergeschichten, Lebensberatung und dürftiger Bibelauslegung. Plus die mündliche Tradition an jedem Sonntag, was dem Prediger »ganz neu aufgegangen ist«, wer der Heilige Geist sei.

Die P. der volkskirchlich-lutherischen Theologie ist beschränkt.

Die P. der katholischen Theologie heißt »Amt«.

Pniel

Der Ort, an dem Jakob mit Gott gerungen hat. Und dadurch verändert wurde. Eine neue Identität bekam (siehe → Israel und 1. Mose 32,31-32). Wollten Evangelikale früher einen jungen Mann nach Ort und Zeit seiner → Bekehrung fragen, konnte die Frage z.B. lauten: »→ Bruder, wo ist dein P.?« Wird heute in abgewandelter Form nur noch von christlichen Hausfrauen gebraucht, wenn sie in der Küche das Spülmittel suchen.

Posaune, die letzte

Kein abfälliges Urteil über einen schlechten Instrumentalisten des Bläserchores. Sondern: Aus Offenbarung 1, Vers 10 entlehntes akustisches Signal der Wiederkunft Jesu.

Presbyter

a) Computerfreak, der zu viele Bytes auf eine Diskette presst.
b) Verspielter Urlauber am Strand, der eine Plastikscheibe hin- und herwirft. Muss heißen: »Frisbeeter«.
c) Siehe → Älteste.

Prophet

a) Von Gott beauftragter Gesellschafts-, Zeit- und Religionsanalytiker. Der seine meist unbequemen Beobachtungen völlig unabhängig und ohne Harmoniebedürfnis zu einem → Bußruf verdichtet. Scharfsichtiger, meist revolutionärer Geist.

b) Von einem Verlag beauftragter Journalist, der seine butterweichen Andeutungen zu einem Buch verdichtet. Scharf kalkulierender, meist konservativer Geist.

Q

Quasimodogeniti

a) Lateinische Bezeichnung für den Sonntag nach Ostern. Wörtlich: »Nach Art der neugeborenen Kindlein«. Altchristliches Taufdatum, weil die Täuflinge ein neues Leben als Kinder Gottes beginnen (Johannes 1,12; Galater 4,7; Petrus 2,2). Heißt auch »Weißer Sonntag«, weil es manchmal sogar noch nach Ostern schneit. Oder weil die Täuflinge weiß gekleidet untertauchen. In frühchristlichen Baptistengemeinden wahrscheinlich.
b) Die Nachfahren (»Geniti«) des buckligen Glöckners von Notre Dame (Quasimodo) aus Victor Hugos gleichnamigem Roman.

Qual

Gesunde, also dauerhaft schmerzfreie Menschen in einem demokratischen Rechtsstaat ohne Folter haben meist keine Qualen außer der »Qual der Wahl«. Die haben aber Mitglieder einer → Synode dafür umso q.voller. Wenn z.B. die evangelische Kirche Württembergs einen Bischof sucht und regelmäßig zweistellig wiederholte Wahlgänge benötigt, um einen – dann am Ende von niemandem mehr geliebten Kompromiss-Kandidaten – zu küren, nennt man das »synoqual«. Unter Theologen umstritten ist, ob die katholische Kirche nur deshalb soviel von Hölle (biblisch »der Ort der Qual«, Lukas 16,23+28) und vom Fegefeuer redet, weil sie ihre Bischöfe vom Papst einsetzen lässt und keine synodale Wahlqual kennt.

R

Rassismus

Institutionalisierte Dummheit.

rechtgläubig

Muss immer zusammengeschrieben erscheinen, da »recht gläubig« nicht genügt. Bezeichnet theologische Richtigkeit bzw. deckungsgleichen Frömmigkeitsstil. Auch: »Der steht richtig«. Vorsicht: Kein »s« zwischen recht und gläubig sprechen. Siehe → Christ, gläubiger, → glinus.

Reformation

a) Das, was Martin Luther 1517 für die katholische Kirche wollte. Und was diese selbst 1962 mit dem II. Vatikanischen Konzil auch durchzusetzen beabsichtigte. Und was seither in der Praxis wieder rückgängig gemacht wird. Siehe auch → Inquisition.

b) Beliebtes Prüfungsthema für Theologiestudenten im Fach Kirchengeschichte. Die Welt, der Staat, die Gesellschaft, die Kirche veränderten sich nämlich, als am 31. 10. 1517 ein Hochschuldozent an die Tür der Schlosskirche Wittenberg – das war die Pinnwand der Universität – ein paar Zettel heftete, auf denen draufstand, was er vorher auch schon gesagt hatte. Und was zunächst niemand besonders revolutionär fand.

DIE LEGENDE ERZÄHLT, DASS LUTHER MIT EINEM TINTENFASS NACH DEM TEUFEL WARF. ANDERES VERSCHWEIGT SIE...

religiös

Sind »irgendwie ein Stück weit« alle. Die einen gehen auf Grund ihrer Religiosität in den Gottesdienst, die anderen waschen auf Grund ihrer Religiosität währenddessen das Auto.

ringen

a) Griechisch-römische oder Freistil-Kampfsportart. Olympische Disziplin.
b) Ohne sportliche Regeln auch Kräftemessen von Schulkindern. Balgerei. Dresche.
c) Der Christ ringt nur geistig. Und zwar vor seiner Bekehrung mit sich selbst und nach seiner Bekehrung um die Erkenntnis, wie er → geführt wird.

Ritus

a) Männliche Version von »Rita«.
b) Siehe → Kult.

Rotation

a) Ursprünglich von der Partei der »Grünen« erfundenes Prinzip der Personalablösung, das jeden Parlamentarier genau dann aus seinem Amt entfernte, wenn er Erfahrung hatte und eingearbeitet war. Anderes Wort für »Sandkastenspiele und Selbstverstümmelung«.
b) Arbeitsweise eines Pastors. Der rotiert. Immer im Stress, aber deshalb nicht unbedingt im Rotary-Club.

Rotte Korah

Laut 4. Mose 6 und 4. Mose 16, Vers 5 eine Gruppe von Dauernörglern. Die den Autoritätsanspruch des Mose, den Sinn der ganzen Wüstenwanderung und schließlich die reale Existenz des Volkes Gottes anzweifelte. Waren eines Tages wie vom Erdboden verschluckt. In der evangelischen Kirche übernehmen abwechselnd die → Evangelikalen, die Feministinnen oder die Kirchentags-Akteure die Rolle der R.K.

S

Saat ausstreuen

Zu anderen Leuten von seinem Christsein reden.

Sack

In »S. und Asche« gingen jene Priester und → Propheten des alten → Israel, die über die Gottlosigkeit ihrer Mitbürger schockiert waren oder ihre innere Reue und → Buße zum Ausdruck bringen wollten. In S., aber nicht in Asche, gehen manche Tänzerinnen des → liturgischen Tanzes und manche Ehefrauen der → Ältesten in Kirchen und Freikirchen heute.

Sakrament

Gegenstand oder Handlung, die Gottes Liebe versinnbildlicht und seine Gnade vermittelt. Je nach Konfession werden zwischen 0 und 7 Sakramente anerkannt. → Taufe und Abendmahl z.B. Aber auch die Beichte oder die Ehe. Wer die S.e. »spenden« darf, ist zwischen Katholiken und Protestanten umstritten. Ob das S. auch dann → Liebe und → Gnade vermittelt, wenn weder Spender noch Empfänger dran glauben, ist zwischen Protestanten und evangelischen Freikirchlern umstritten.

Sakristei

Klingt irgendwie bayrisch, oder?

Sammlung

Man unterscheidet zwischen:
 a) innerer S. im Sinne von → »stille werden« und
 b) äußerer S.: Geld. Siehe → Kollekte.

Skandalon

Laut Jesaja 8,14; 28,16 und Römer 9,32-33 bzw. 1. Petrus 2,6 ist das Kreuz → Jesu Christi ein »Ärgernis«, ein »Skandal« (Skandalon) für jeden denkenden Menschen. Umstritten ist bisweilen, ob sich die Menschen heute wirklich über das Kreuz oder über die Verkündiger des Kreuzes ärgern.

SCV

Autokennzeichen des Vatikanstaates (Stato Città del Vaticano), von den Römern jedoch interpretiert als die Abkürzung für: »Se Cristo vedesse«. Zu Deutsch: »Wenn das Christus sehen würde!«

Schaukasten

Verwitterter Holzrahmen mit vergilbten Plakaten oder Styropor-Buchstaben auf Flanellgrund. Hier werden die Tage und Uhrzeiten der kirchlichen Veranstaltungen bekannt gegeben. In der → Welt, unter normalen Menschen, nennt man so etwas Werbung. Dort werden dann allerdings unglaublich viele Ideen und etliche Millionen Mark hineingesteckt und es sieht auch schicker aus.

Seelenfreund

Ein im pietistischen Liedgut noch erhaltener, ansonsten leider vom Aussterben bedrohter Begriff, der etwa Folgendes beschreibt: Bei ihm stellt man seine seelischen Koffer ab und packt aus. Der S. sortiert neu, was noch gebraucht wird und was weg kann.

Wäscht, bügelt, flickt, tauscht aus. Das Wort kann auch ausgesprochen werden wie → »Jesus«.

Seelsorger, erfahrener

a) Jemand, der schon so vielen Menschen zuhörte, wenn sie sich ihre Sorgen von der Seele redeten, dass man sich um die Barmherzigkeit seiner Ratschläge keine Sorgen machen muss.
b) Jemand, der als S. viel über Land fährt und deshalb nie erfahren muss, ob die Ratsuchenden mit seinen Empfehlungen auch gut gefahren sind.

Sekten

Mehrzahl von »Sekt«. Hat man z.B. in einer Sektkellerei mehrere ausprobiert, fragt der Verkäufer: »Was halten Sie von diesen Sekten?« Die Antwort: »Ich könnte Weinen.«

Shalom

Siehe → Heil.

In christlichen Jugendgruppen sehr beliebter Begriff aus dem israelischen Volkslied »Hevenu Shalom Aleichem«, zu Deutsch: »Häng Dir den Schal um, Joachim.«

Siegen

a) Hauptwort zu einem Verb, das in pfingstlich-charismatischer Frömmigkeit alles und nichts bedeutet. Der Christ »siegt« ständig. Hat er ein Problem nicht mehr, hat er »Sieg drüber«. Wahlweise auch: »Da hab ich Frieden drüber.«
b) Stadt im Siegerland. Wo die jeweils konservativen Flügel aller Freikirchen und → evangelikalen Gruppen so intensiv und gehäuft vertreten sind, dass S. bei Endzeit-Spezialisten auch als »neues Jerusalem« in der engeren Wahl steht. Weitere Anwärter auf diesen Ehrentitel sind Bad Liebenzell in Württemberg und Bad Blankenburg in Thüringen.

Sitzungen

Täglich wiederholbare Variante der → Konferenz. Wuchert überall, wo 1. Korinther 4, Vers 20 in Vergessenheit geriet: »Das Reich Gottes besteht nicht aus Worten, sondern Kraft.«

Sonntagsschule

Von Eingeweihten zumeist falsch (ohne Fugen-s) geschriebenes freikirchliches Wort für »Kindergottesdienst«. Ob mehr gelernt (Schule) oder mehr gefeiert (Gottesdienst) wird, ob es langweilig (Sonntag) oder spielerisch (Kinder) gestaltet wird, hängt von den Sonntagsschul-»Tanten« ab. Warum sind das immer nur Tanten?

So spricht der Herr

Alternative Formulierung für: »Meine nun folgende Meinungsäußerung ist absolut. Bitte nicht widersprechen.«

Sperrmüll

a) Einrichtungsdesign christlicher Wohngemeinschaften.
b) Siehe → Basar oder → Tombola.

Spiritualität

Modernes Frommdeutsch für »Frömmigkeit«. Mit dem Nachteil, dass auch Esoteriker den Begriff benutzen.

Sprachengebet

Siehe → Glossolalie. Falls es keine Glossolalie ist, ist es »Urbi et orbi« (siehe → Papst).

Spuren im Sand

Wenn am Sandstrand die Spuren zweier nebeneinander laufender Spaziergänger zu sehen sind, ab einem gewissen Punkt aber nur noch *eine* etwas tiefer eingegrabene Spur – dann muss man weder fromm noch besonders schlau sein, um drauf zu kommen: Hier hat einer den anderen Huckepack genommen. Doch ist nicht oft gerade das Schlichte besonders ergreifend? Die Kanadierin Margaret Fishback-Powers hat aus diesem Sachverhalt ein längliches Gedicht und aus dem Gedicht ein fast hundert Seiten dickes Buch und daraus mehr als hunderttausend Exemplare allein in Deutschland gemacht. Ganz zu schweigen von Postern, Postkarten, Schreibblocks, Bibelumschlägen und sonstigen »Spuren im Sand«-Devotionalien. Leider wird ihr das Copyright und damit ein vermutlich millionenschwerer weltweiter Lizenz-Segen streitig gemacht von den Nachfahren einer 1999 verstorbenen Mary Stevenson, die schon in den zwanziger Jahren nicht »Spuren im Sand«, sondern »Spuren im Schnee« sah und aus ihrer Reduzierung um die Hälfte Trost sog. Da nun obendrein noch die Schlagersänger Howard Carpendale und Drafi Deutscher das Gleichnis vom Getragenwerden salbungsvoll zum Besten geben (wenn auch ohne Bezug zu Gott), gibt es inzwischen mindestens vier Spuren im Urheberrechts-Treibsand.

Stapeltassen

Kirchliches Porzellandesign der avantgardistischen Postmoderne.

sterben

Frommdeutsch: heimgehen. Von hinnen scheiden. Ins Vaterhaus heimkehren. Umgangssprachlich: Den Löffel abgeben. Ins Gras beißen. Sich die Radieschen von unten ansehen. Sehr schön auch im Französischen: Keine Zahnschmerzen mehr haben.

stille werden

Der Pastor sagt: »Wir wollen s. w.«, obwohl es schon mucksmäuschenstill *ist*. Er meint: »Wir beten jetzt.« Und auch das meint er eigentlich anders: »Ich bete jetzt. Und ihr sollt stille zuhören.«

Stille Zeit

Besteht meist aus dem Lesen mehrerer Kapitel aus der Bibel, einem persönlichen Gebet, dem Lesen der Herrnhuter → Losung

WARUM SITZEN HERR UND FRAU NEUMANN VOR JEDEM URLAUB EINE WOCHE LANG MORGENS AB HALB VIER IM BETT UND MACHEN IHRE TÄGLICHE „STILLE ZEIT"?

SIE LESEN AUF VORRAT.

und auch Gesang. Ein Christ, vor allem → evangelikaler Couleur, wacht jeden Tag eine halbe Stunde früher auf als andere Menschen und ist nicht etwa müde, verkatert oder lustlos, sondern vom ersten Moment an so übersprudelnd voller Freude und Begeisterung, dass ein frisches → Morgenlob aus ihm herausbricht und er sofort in sein Kämmerlein eilt, um S. Z. zu halten.

straucheln

Einen Fehler machen. Auf die Schnauze fliegen. Nicht etwa kleptomanisch als »Strauchdieb« oder flüchtend »sich in die Büsche schlagen«, sondern auch: »theologisch abirren«. Eben vom rechten Weg in die religiösen oder philosophischen Sträucher geraten. Siehe → Fallstrick; → Häresie; → ringen.

Symbol

Zeichen. Es gibt Zeichen, die versteht man sofort (Verkehrs-S. z. B.) und andere, die versteht man ein Leben lang nie völlig (das Kreuz z. B.).

Synode

Wo sich Kirchenvertreter zusammensetzen, um sich auseinander zu setzen.

T

Tanz, Gesellschafts-

Über den Umweg des israelischen Volkstanzes inzwischen auch in → evangelikalen Jugendgruppen und Gemeinden existent. Die legitimierte Form der Annäherung zwischen Jungen und Mädchen, Damen und Herren.

Tanz, liturgischer

Auf evangelischen Kirchentagen wiederentdeckte alttestamentliche Form des Lobpreises, die es vor allem Damen mit wallendem Haar und nachthemdartigen Gewändern ermöglicht, barfuß im Altarraum herumzulaufen (siehe → Sack).

Taufe

Unabdingbar für die, die ins Reich Gottes wollen. Ob das nur der Täufling selber oder auch seine Eltern wollen können sollten, ist unter Landeskirchlern und Freikirchlern umstritten.

Tombola

Entsorgung von Staubfängern und Nippes für einen guten Zweck. Siehe → Basar.

Traktat

Zusammenfaltbares, graphisch und journalistisch zumeist amateurhaft gestaltetes, leicht wegwerfbares Flugblatt zur Verbreitung christlichen Gedankengutes in der Öffentlichkeit. Sollte aus Gründen theologischer Ehrlichkeit ruhig länger sein; aus Gründen der Müllvermeidung aber lieber kürzer. Siehe → Saat ausstreuen.

Trübsal, große

Wer wissen will, wann sie endlich kommt, liest → Endzeitbücher. Wer in einer steckt und wissen will, wie er endlich rauskommt, lese Matthäus 11, Vers 28.

U

umgetrieben werden

Menschen außerhalb der jeweiligen Gemeindegruppe oder Konfession leben nicht einfach nach selbst gestrickten Wertmaßstäben. Sind glücklich oder unglücklich und lassen den lieben Gott einen guten Mann sein. Sondern sie werden permanent »umgetrieben«. Von den Lüsten der Welt oder der Frage nach Wahrheit. Werden sie in schlaflosen Nächten lange genug »umgetrieben«, dann treten sie jener Gemeinde bei, deren Evangelist auf ihr U.w. hoffte.

umsetzen

Nicht: Sich woanders hinsetzen als man vorher saß oder unaufmerksame Schüler innerhalb der Klasse umsetzen. Sondern: tun. Machen. Praktizieren. Verwirklichen. Realisieren. Weil → Arbeitskreise, kirchliche Gremien oder gar → Synoden aber selten etwas tun, machen, verwirklichen und realisieren, sagt man dort: »Das muss erst mal umgesetzt werden.« Oder: »Das will jetzt umgesetzt sein.« Vorsicht: Schon der Zusatz: »Das wollen wir jetzt in die Praxis umsetzen« könnte zu echtem Handeln verpflichten.

unbußfertig

Muss in der zweiten Silbe mit langem »u« gesprochen werden, da der Begriff nicht das mangelnde Vorbereitetsein auf eine Busfahrt bezeichnet (Kleingeld, Stadtplan, Reiseproviant etc.), sondern die mangelnde Bereitschaft eines Nichtchristen zur »Buße«, zur Umkehr, zum Umdenken. Manchmal beschreibt das Adverb auch den Widerstand eines Mitchristen, meine Meinung zu übernehmen.

unentschieden

a) Ein Mensch, der sich noch nicht für Jesus entschieden hat.
b) Ein Christ, der sonntags zwischen 8.30 Uhr und 9.30 Uhr merkt, wie warm und gemütlich es unter der Bettdecke ist.
c) Ein Gleichstand der erzielten Tore beim Fußball.

unverfälscht

So wie ich es gern höre; das u.e Wort Gottes z.B.

Urbi et orbi

Lateinischer Segensgruß des → Papstes an die »Stadt« (gemeint ist Rom) und die »Welt« (gemeint ist die katholische). Wird vom Fernsehen übertragen und hatte auch in den späten 80er Jahren nichts mit »Gorbi« zu tun. Wird von Internet-Nutzern als Web-Adresse missverstanden: urbi@orbi.

USA

Angeblich »God's own country«. Hier leben prozentual die meisten »Wiedergeborenen«, gehen die meisten Menschen regelmäßig zum Gottesdienst und gibt es die meisten Gewaltverbrechen.

V

Vatikan

Dogmenschmiede und Gerüchteküche.

Vergelt's Gott

Fromme Ausrede für nicht entlohnte Arbeitsleistung.

Der Autor dieses Werks erhält dagegen eine fürstliche Entlohnung, für die sich die Steuerfahndung interessieren dürfte (Anmerkung des → Lektors).

Verheißung

Versprechen, Zusage, Zusicherung. Wird immer von Gott, → Jesus, der Bibel gegeben. Sagt hingegen ein → Pastor »Ich verheiße euch ...«, ist das entweder eine Anmaßung oder er lispelt. Soll heißen: »Ich verheize euch«.

Versammlung

a) In Brüdergemeinden übliche Bezeichnung für »Gemeinde«.
b) → Kollekte, bei der irgendwas schief ging. Eine zweckentfremdete Spende oder nicht genug Geld im Klingelbeutel oder so etwas. »Ich hab' mich versammelt« sagt dann der Mann am Klingelbeutel bei der Abrechnung.

OH! EIN PAAR ERNSTHAFTE FREIKIRCHLER! HÄ-HÄ! DIE SIND LEICHT ZU VERFÜHREN!

HE! ZZZZ! WOLLT IHR PERFEKTE CHRISTEN WERDEN?
THEES

Versuchung

Für Evangelikale sind hübsche Frauen und Männer sowie Genussmittel und Luxusgegenstände eine. Dabei sind Reichtum, Geiz, Anpassung an ungerechte Strukturen und Gesetzlichkeit auch eine.

Vikar

a) Nachkomme der Vikinger.
b) Anwärter auf den Pastorenberuf. Darf eigentlich schon alles, muss aber aufpassen. War bis vor kurzem in Freikirchen nie eine Frau.

W

Wachstum

Planziel aller Gemeindewachstumsexperten. Sie wissen: W. schenkt Gott, aber planen können wir es.

wallen

Leben. »Während wir hier noch w.« bedeutet eigentlich »innerhalb meiner Lebenszeit«. Kann aber auch ein Sprechfehler sein und muss heißen: »lallen«.

Wallfahrt

Früher: Wenn sog. »führende → Evangelikale« zu Helmut Kohl ins Bundeskanzleramt nach Bonn fahren durften. Heute: Wenn eigentlich alle geführten → Evangelikalen zu Bill Hybels in die Willow Creek-Gemeinde nach Chicago fahren dürfen.

Weihrauch

Harzkrümel, die, in einer durchlöcherten Metallkugel angezündet, einen wohlriechenden »Rauch« abgeben. Seit Jahrtausenden bei Gottesdiensten und religiösen → Riten im Gebrauch.

Der Vorschlag, am Kircheneingang eine Gemeindeschwester zu postieren, die wie bei der Lufthansa Bordkarten verteilt und fragt, ob man »Weihraucher oder Nicht-Weihraucher« sitzen möchte, hat sich bisher nicht durchgesetzt.

weiland

Früher, einst, länger zurückliegend.

Welt

Selten der geographische Begriff für Erdkugel oder Globus, Natur oder Kosmos. Meist ist das Rotlichtviertel einer Großstadt gemeint. Oder die Love Parade.

weltlich

Alles, was außerhalb der Gemeindemauern geschieht.

Wetzlar

Evangelikaler → Vatikan.

Wunder

Wenn ein Mensch Gott gehorcht.

Z

Zehnter

a) Christen sind von 3. Mose 27, Vers 30 dazu aufgefordert, 10 % ihres Einkommens Gott zu geben. Sie wissen nur nicht mehr, ob vom Brutto- oder Netto-Einkommen, vom Gehalt des Mannes und der Frau inklusive, ob mit Kapitalerträgen und Wertsteigerungen oder nicht usw.

b) Zählt der Gemeindekassierer den Inhalt des Klingelbeutels zusammen und teilt ihn durch die Anzahl der Gottesdienstbesucher, dann muss er davon ausgehen, dass die meisten Christen etwa 10,– € pro Woche verdienen.

Zeltmission

Alles, was man auch in einem Saal tun könnte – Chören lauschen, einem Prediger zuhören, beten, → Kollekte geben usw. –, tut man ausnahmsweise in einem großen Rundzelt draußen vor der Stadt. Auf wackligen Holzbänken, die Schuhe in Sägespänen und den Kopf in der abwechselnd feuchtkalten oder feuchtheißen Luft. Diese Luft, die unverwechselbare Atmosphäre eines Missionszeltes – nicht so laut wie ein Bierzelt, nicht so geruchsintensiv wie ein Zirkuszelt und nicht so locker wie Camping – nennt der → Evangelist »Erweckungsluft«.

Zeichen der Zeit

Von Jesus in Matthäus 24 und an vielen anderen Stellen des Neuen Testaments erwähnte Ereignisse und Entwicklungen, die seiner

MAL SEHEN, OB ICH DIE FROSTIGE ATMOSPHÄRE IN UNSEREM HAUSKREIS MIT EINER "EISBRECHER-FRAGE" KNACKEN KANN...
NA? WER VON EUCH SPENDET DENN TATSÄCHLICH REGEL-MÄSSIG SEINEN ZEHNTEN?
THEES

Wiederkunft vorausgehen werden. Sie ereignen sich folgerichtig auch seit seiner Himmelfahrt immer wieder. Frommdeutsch allerdings sind alle Nachrichten gemeint, die den Nahen Osten, das Öl, den Islam, Erdbeben, Währungssysteme und die Zahl 6 oder deren Kombinationsmöglichkeiten betreffen.

Zeit

Das, wovon Gott jedem Menschen gleich viel gab. Aber wovon gerade → Pastoren immer zu wenig haben.

Zeit der Prüfung

Letzte Stunde vor dem Ja-Wort am Traualtar.

Zeit der Sichtung

Die jahrelange Kirchenaustrittswelle.

Zeit der Stille

Schlaf.

Zeit, eine Z. haben

Sensationelle Neuschöpfung des Frommdeutschen: Weil vor allem → charismatische Prediger und Lobpreis-Leiter bewusst oder unbewusst ihre amerikanischen und englischen Vorbilder nachahmen, übersetzen sie das englische »Let's have a time of worship« direkt ins Deutsche: »Wir wollen e. Z. der Anbetung h.« Das nennt man einen Anglizismus. Der lässt sich noch durch Substantivierung ganzer Sätze verkomplizieren: »Wir wollen eine Zeit des Zur-Ruhe-Kommens haben« oder »eine Zeit des Danksagens haben«. Bayrisch: Sogn's, hams dös?

Zeugnis

Man unterscheidet zwischen:

a) Z. bekommen. Zweimal jährlich. Von Schülern befürchtet. Da steht in Zahlen ausgedrückt drin, wie gut man war. Und was man für die Bildung geleistet hat.

b) Z. ablegen. Beliebig oft, in meist → evangelikal-missionarischen Veranstaltungen. Von Hörern bestaunt oder befürchtet. Jemand sagt (mit Worten), wie schlecht er war. Und was Gott für ihn geleistet hat.

c) Z. sein. Täglich, im Alltag. Von allen miterlebt. Jemand zeigt (mit Taten), was Gott für die anderen leisten kann.

Zion

Hügel in → Israel, der irgendwie berühmter geworden ist als der Mount Everest und das Matterhorn.

Zölibat

a) Das einzige Wort aus dem katholischen Sprachraum, das immer mit »das« gebraucht wird, obwohl es auch »der« Zölibat heißt.

b) Seit 1000 Jahren umstrittene Lebensform für Priester, die ihnen eine Ehefrau versagt, aber eine Haushälterin erlaubt. Die Diskussion um das Für und Wider hat sooo einen Zölibart.

Zucht

a) Wird Z. mit den Worten »aus eigener ...« vorbereitet, folgt die Präsentation von Ferkeln, Tomaten oder Kindern.

b) Wird Z. mit dem nachgestellten »und Ordnung« verwendet, folgt eine Wehklage über den Zustand der Welt.

c) Wird Z. mit der Vorsilbe »Gemeinde« gebraucht, folgt ein Rausschmiss.

zuchtvoll

Muss immer klein und zusammen geschrieben werden, da es kein Aquarienbesitzer über die Belegungs-Kapazität seiner Laichbecken sagt, sondern ein Christ über Kleidung oder Verhalten eines Mitchristen. Was z. ist, variiert in Abweichung von neutestamentlichen Maßstäben je nach Region und Konfession. Und nähert sich mit einer Verzögerung von 5 bis 10 Jahren der jeweils herrschenden → weltlichen Mode und Tradition an.

Zuspruch

Das, was dem Hörer, meist tröstend, zugesprochen wird. Die Vergebung zum Beispiel.

Nicht: Dem zugesprochen wird. Dem Alkohol beispielsweise. Das Gegenteil von Z. heißt nicht Abspruch, sondern Anspruch. Eine anspruchsvolle Predigt kann durchaus zuspruchsvoll sein. Sagt man nur nie.

zwei oder drei

Trostwort aus Matthäus 18, Vers 20, wenn zu einer christlichen Veranstaltung sehr wenige Besucher kamen.

zum Schluss

Einleitungsformel für die letzten 15 Minuten einer Predigt. Impulswort für das plötzliche Erwachen der Hörer, die bei geschlossenen Augen rhythmisch folgendes Geräusch von sich gaben:

zzz zzz zzz

ANHANG

Das nenne ich eine Predigt, Bruder!

Decoder für Pastorenlob

So ein Gerät haben Sie sich doch immer schon mal gewünscht, oder?

Eine Box, die verschlüsselte Botschaften de-kodiert, also entschlüsselt, und für Sie, in Ihrer Sprache, verständlich macht. Bisher kannten Sie das nur als Zusatzgerät am Fernseher. Man braucht es aber auch für die Gespräche nach dem Gottesdienst.

Es ist erfreulicherweise in vielen Gemeinden üblich geworden, hinterher noch bei einer Tasse Kaffee beisammen zu stehen und über dies und das zu plaudern (→ Koinonia). Über die Predigt zum Beispiel. Oder das Gemeindeleben. Oder das allgemeine Befinden. Weil man aber nie wissen kann, ob der Prediger oder die Ältesten zufällig dabeistehen, sprechen manche Christenmenschen auch hier »in Zungen«. Verschlüsseln also ihre Kritik oder ihre Meinung.

»Das frommdeutsche Wörterbuch« präsentiert Ihnen deshalb erstmalig auf Deutsch, was in England seit vielen Jahren als erfolgreiche Satire und typisch britisch-schwarzer Humor in christlichen Zeitschriften für Schmunzeln sorgt: »That's what I call a sermon, brother!«

»Das nenne ich eine Predigt, Bruder!«
Heißt:
»Sie sagen, was ich doch immer schon sagte! Trifft genau auf meine Frau und alle Nachbarn zu!«

»Mutig, mutig, junger Bruder!«
Heißt:
»Sie werden auch noch ruhiger mit den Jahren, Sie Provokateur.«

»Das war mal eine glasklare Evangelisation!«
Heißt:
»Zum Glück ist mein Chef nicht gekommen.«

»Sie predigen gern über Amos, nicht wahr?«
Heißt:
»Wann kapieren Sie endlich, dass der Sozialismus tot ist!«

»Mal ganz was anderes, aber warum nicht?!«
Heißt:
»Noch einmal diese Krautrock-Band mit der lauten Popmusik, und ich bleibe zu Hause.«

»Das hätte mal der Herr Dekan hören sollen, ha ha ...«
Heißt:
»Ich werde ihn heute Abend sofort anrufen.«

»Ihre lebendigen Beispiele machen es leicht zuzuhören.«
Heißt:
»Erzählen Sie keine Urlaubserlebnisse, Mann, legen Sie Bibeltexte aus!«

»Kannten Sie den alten Bruder XY? Den mit der volltönenden Stimme?«
Heißt:
»Lauter sprechen bitte!«

»Also beim Energiesparen geht unsere Gemeinde doch mit gutem Beispiel voran.«
Heißt:
»Warum heizt dieser Geizhals von Hausmeister nicht? Ich friere mich noch zu Tode!«

»Wussten Sie eigentlich, dass eins dieser Kirchenfenster aus 214 einzelnen Scheiben besteht?«
Heißt:
»Ich habe absolut keinen Schimmer, worüber Sie gepredigt haben.«

»Dieses neuere Lied vor dem Vaterunser kannte ich noch gar nicht.«
Heißt:
»Niemand kannte es. Klägliches Gesinge so was.«

»Nun gut, ich spreche als Laie, aber ...«
Heißt:
»Auch Nichttheologen dürfen eine Meinung zu diesem Thema haben, oder?«

»Schicker Anzug, Herr Vikar.«
Heißt:
»Verdienen Sie schon so gut?«

»Wann genau ist der Jesus-Marsch in der Fußgängerzone?«
Heißt:
»Da müssen wir rechtzeitig unseren Urlaub buchen.«

»Danke der Nachfrage, Herr Pastor, es geht so lala. Immer nur Sonne wär' ja auch nix, ne?«
Heißt:
»Ärger im Job, Krach mit der Frau, Kinder krank, Vermieter sauer, Auto kaputt.«

»Kommen Sie – sagen wir so gegen fünf.«
Heißt:
»Um acht ist Fußballübertragung und bis dahin werden Sie doch wohl gegangen sein.«

»Darf ich denn unseren Junggesellen-Vikar mal besuchen und ihm was Gutes kochen?«
Heißt:
»Ich wüsste gerne, wie ein Haushalt aussieht, der von einem Mann geführt wird.«

»Meine Schwägerin ist ja Pastorsfrau, und ich lese gerade ein Buch über Führungen Gottes.«
Heißt:
»Ich will Sie heiraten.«